本书由
中央高校建设世界一流大学（学科）
和特色发展引导专项资金
资助

中南财经政法大学"双一流"建设文库

创｜新｜治｜理｜系｜列｜

大学治理中的
学生组织参与模式研究

周 巍 著

中国财经出版传媒集团

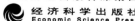

经济科学出版社
Economic Science Press

图书在版编目（CIP）数据

大学治理中的学生组织参与模式研究/周巍著. —北京：

经济科学出版社，2020.9

（中南财经政法大学"双一流"建设文库）

ISBN 978 – 7 – 5218 – 1885 – 7

Ⅰ.①大…　Ⅱ.①周…　Ⅲ.①大学生 – 学校管理 – 参与

管理 – 研究 – 中国　Ⅳ.①G647

中国版本图书馆 CIP 数据核字（2020）第 176416 号

责任编辑：孙丽丽　撖晓宇

责任校对：蒋子明

版式设计：陈宇琰

责任印制：李　鹏　范　艳

大学治理中的学生组织参与模式研究

周　巍　著

经济科学出版社出版、发行　新华书店经销

社址：北京市海淀区阜成路甲 28 号　邮编：100142

总编部电话：010 – 88191217　发行部电话：010 – 88191522

网址：www. esp. com. cn

电子邮箱：esp@ esp. com. cn

天猫网店：经济科学出版社旗舰店

网址：http：//jjkxcbs. tmall. com

北京季蜂印刷有限公司印装

787 × 1092　16 开　11.25 印张　190000 字

2020 年 10 月第 1 版　2020 年 10 月第 1 次印刷

ISBN 978 – 7 – 5218 – 1885 – 7　定价：45.00 元

（图书出现印装问题，本社负责调换。电话：010 – 88191510）

（版权所有　侵权必究　打击盗版　举报热线：010 – 88191661

QQ：2242791300　营销中心电话：010 – 88191537

电子邮箱：dbts@ esp. com. cn）

总　序

　　"中南财经政法大学'双一流'建设文库"是中南财经政法大学组织出版的系列学术丛书，是学校"双一流"建设的特色项目和重要学术成果的展现。

　　中南财经政法大学源起于1948年以邓小平为第一书记的中共中央中原局在挺进中原、解放全中国的革命烽烟中创建的中原大学。1953年，以中原大学财经学院、政法学院为基础，荟萃中南地区多所高等院校的财经、政法系科与学术精英，成立中南财经学院和中南政法学院。之后学校历经湖北大学、湖北财经专科学校、湖北财经学院、复建中南政法学院、中南财经大学的发展时期。2000年5月26日，同根同源的中南财经大学与中南政法学院合并组建"中南财经政法大学"，成为一所财经、政法"强强联合"的人文社科类高校。2005年，学校入选国家"211工程"重点建设高校；2011年，学校入选国家"985工程优势学科创新平台"项目重点建设高校；2017年，学校入选世界一流大学和一流学科（简称"双一流"）建设高校。70年来，中南财经政法大学与新中国同呼吸、共命运，奋勇投身于中华民族从自强独立走向民主富强的复兴征程，参与缔造了新中国高等财经、政法教育从创立到繁荣的学科历史。

　　"板凳要坐十年冷，文章不写一句空"，作为一所传承红色基因的人文社科大学，中南财经政法大学将范文澜和潘梓年等前贤们坚守的马克思主义革命学风和严谨务实的学术品格内化为学术文化基因。学校继承优良学术传统，深入推进师德师风建设，改革完善人才引育机制，营造风清气正的学术氛围，为人才辈出提供良好的学术环境。入选"双一流"建设高校，是党和国家对学校70年办学历史、办学成就和办学特色的充分认可。"中南大"人不忘初心，牢记使命，以立德树人为根本，以"中国特色、世界一流"为核心，坚持内涵发展，"双一流"建设取得显著进步：学科体系不断健全，人才体系初步成型，师资队伍不断壮大，研究水平和创新能力不断提高，现代大学治理体系不断完善，国际交流合作优化升级，综合实力和核心竞争力显著提升，为在 2048 年建校百年时，实现主干学科跻身世界一流学科行列的发展愿景打下了坚实根基。

"当代中国正经历着我国历史上最为广泛而深刻的社会变革，也正在进行着人类历史上最为宏大而独特的实践创新"，"这是一个需要理论而且一定能够产生理论的时代，这是一个需要思想而且一定能够产生思想的时代"①。坚持和发展中国特色社会主义，统筹推进"五位一体"总体布局和协调推进"四个全面"战略布局，实现"两个一百年"奋斗目标、实现中华民族伟大复兴的中国梦，需要构建中国特色哲学社会科学体系。市场经济就是法治经济，法学和经济学是哲学社会科学的重要支撑学科，是新时代构建中国特色哲学社会科学体系的着力点、着重点。法学与经济学交叉融合成为哲学社会科学创新发展的重要动力，也为塑造中国学术自主性提供了重大机遇。学校坚持财经政法融通的办学定位和学科学术发展战略，"双一流"建设以来，以"法与经济学科群"为引领，以构建中国特色法学和经济学学科、学术、话语体系为己任，立足新时代中国特色社会主义伟大实践，发掘中国传统经济思想、法律文化智慧，提炼中国经济发展与法治实践经验，推动马克思主义法学和经济学中国化、现代化、国际化，产出了一批高质量的研究成果，"中南财经政法大学'双一流'建设文库"即为其中部分学术成果的展现。

文库首批遴选、出版二百余册专著，以区域发展、长江经济带、"一带一路"、创新治理、中国经济发展、贸易冲突、全球治理、数字经济、文化传承、生态文明等十个主题系列呈现，通过问题导向、概念共享，探寻中华文明生生不息的内在复杂性与合理性，阐释新时代中国经济、法治成就与自信，展望人类命运共同体构建过程中所呈现的新生态体系，为解决全球经济、法治问题提供创新性思路和方案，进一步促进财经政法融合发展、范式更新。本文库的著者有德高望重的学科开拓者、奠基人，有风华正茂的学术带头人和领军人物，亦有崭露头角的青年一代，老中青学者秉持家国情怀，述学立论、建言献策，彰显"中南大"经世济民的学术底蕴和薪火相传的人才体系。放眼未来、走向世界，我们以习近平新时代中国特色社会主义思想为指导，砥砺前行，凝心聚

---

① 习近平：《在哲学社会科学工作座谈会上的讲话》，2016 年 5 月 17 日。

力推进"双一流"加快建设、特色建设、高质量建设，开创"口南学派"，以中国理论、中国实践引领法学和经济学研究的国际前沿，为世界经济发展、法治建设做出卓越贡献。为此，我们将积极回应社会发展出现的新问题、新趋势，不断推出新的主题系列，以增强文库的开放性和丰富性。

"中南财经政法大学'双一流'建设文库"的出版工作是一个系统工程，它的推进得到相关学院和出版单位的鼎力支持，学者们精益求精、数易其稿，付出极大辛劳。在此，我们向所有作者以及参与编纂工作的同志们致以诚挚的谢意！

因时间所囿，不妥之处还恳请广大读者和同行包涵、指正！

中南财经政法大学校长

前　言

　　治理范式是现代组织分析中至关重要的分析框架，旨在通过运作机制改革创新实现组织的发展。大学治理作为国家治理体系重要内容和智力支撑，具有承上启下、协调贯通的作用。随着大学自主办学权逐步扩大和办学能力的提升，大学管理者获得了配置教育科研资源的诸多权力，大学管理者的目标也逐渐从资源配置型转向了合作协同治理，即如何激励各类主体有意愿参与到大学治理中，发挥各自的比较优势，实现现代大学治理能力的现代化。

　　本书主要关注大学治理中一个长期被忽视的群体——学生及其组织，从学生组织参与大学治理的意愿、能力、机制和模式出发，研究制约着学生组织参与大学治理的问题，构建大学治理中学生组织参与模式。采用实地调研、实证分析与理论研究相结合的研究范式，利用了文献归纳、统计分析、案例研究等方法，在梳理国内外研究进展和政策背景的基础上，建立了分析学生组织参与大学治理的"意愿—能力—机制—模式"分析框架，从不同维度阐述现代大学治理的理论发展和学生组织参与模式的理论基础。主要研究结论如下：

　　学生组织形式的发展水平、内部机制、工作效率影响大学治理水平，较高的学生参与积极性是学生组织参与大学治理获得良好效果的前提基础。学生组织在大学传统管理模式的影响下，承担了学生管理、政策执行的任务，在工作中的"官阶意识"在一定范围内存在，其科层制的组织结构同样影响绩效的提高，存在自身脱离学生群体的危机。学生组织建设不仅通过促进治理制度建设对一所大学的治理水平产生影响，同时其自身内部机制的建设也会通过影响学校环境平等性进而影响大学治理制度对大学治理水平产生作用。等级层叠的管理结构使得学生的意见难以及时得到对接与反馈，在信息传递路径被延长的情况下，由学生向学校高层管理者的信息流动变得更加困难。大学治理作为学生组织运行的新环境要求学生组织构建全新的工作目标，而扁平化转型是当下学生组织参与大学治理机制创新的一个重要路径。学生组织扁平化转型是大学治理中运行环境和组织目标变动的结果，具体是组织结构和观念的变革，其转型的目标是让学生组织成为学生参与大学治理的最有效载体。在治理机制上，允许和鼓励多元利益主体通过协商、合作的方式共同为大学发展做出贡献具有重要意义。在治理模式上，"学校主导＋学生参与＋专家判断"的模式是对既有机制和制度环境的一种改造，对中国大学治理中的学生组织参与、治理体系和治理能力的现代化具有深远意义。

　　本书对当下的大学治理尤其是学生组织参与治理体系的构建具有重要的理论参考意义和现实启示价值，为构建"以学生为中心"的大学治理转型提供理论支撑和范式借鉴。未来可以在大学治理机制的深化、制度的创新和模式的拓展上进一步升华研究内容与价值。

目　录

第一章
绪　论

第一节　研究背景

随着世界各国经济社会的飞速发展，全球化进程的加快和知识经济时代的出现也给高等教育现代化发展带来了前所未有的机遇和挑战。我国高等教育自1999年扩招以来，已经实现了普及化，进入大众化、内涵式、高质量发展阶段，在国家社会经济处于转型发展的重要时期，高等教育的改革与创新也在全面深化。党的十八届三中全会审议通过的《中共中央关于全面深化改革若干重大问题的决定》指出："完善和发展中国特色社会主义制度，推进国家治理体系和治理能力的现代化"是全面深化改革的总目标。党的十九大、十九届四中全会进一步明确了国家治理体系与治理能力现代化的重大战略部署，这是一项重大理论命题。落实到教育尤其是高等教育领域，大学治理体系和治理能力现代化是全面全域的国家治理体系和治理能力现代化的重要组成部分。从双一流建设国家战略层面考虑，大学治理是双一流建设的重要内容与保障，双一流建设要求大学治理实现人的现代化、组织的现代化和制度的现代化。目前，在我国的大学治理中尚存在行政权力集中、学生组织参与管理和监督不足等问题，在未来一段时间内，如何推动实现大学治理体系和治理能力现代化将是高等教育领域研究的一项重要课题。《国家中长期教育改革和发展规划纲要（2010－2020）》明确要求："完善中国特色现代大学制度。完善治理结构。加强教职工代表大会、学生代表大会建设，发挥群众团体的作用。"这从完善大学内部治理的角度对高等教育改革与创新提出了要求，并把学生组织参与大学治理历史性地提到了完善中国特色现代大学制度的高度。从新时代人才培养层面来看，培养与锻造未来公民的治理能力，形成未来社会主义接班人的引领与能力的塑造，大学责无旁贷。现代大学治理中多元治理与多维治理的协同，有助于培养学生与学生组织参与大学治理的能力，确保国家治理现代化的可持续性。因此，学生组织参与大学治理的模式与高等教育的改革发展密切相关。

现代大学制度的核心是在国家的宏观调控政策指导下，大学面向社会，依法自主办学，实行科学管理。现代大学制度涉及在学校与外部的宏观层面上规范和理顺大学与政府、大学与社会的关系，以及涉及在学校内部的微观层面上大学内部治理结构的完善和改革。大学内部治理的核心就是在多元利益相关者权力资源的合理流动与有效分配的基础上，实现各自有效的、合理的民主参与。当前，我国的大学治理结构是"党委领导、校长负责、教授治学、民主管理、自主办学、学生参与"，在这一多元利益相关者协同治理模式下，学生组织参与治理是高校中最核心利益相关者群体之一——学生的权力在大学内部治理中发挥民主管理效用的外化表现。作为代表学生权利主体的学生组织参与大学治理是新时代高等教育改革与发展的需要，符合完善中国特色现代大学制度的要求，满足促进高校内部治理的需要①。与西方发达国家在20世纪民主化浪潮下就推动以学生组织为代表的学生力量参与大学内部治理的悠久历史和成熟机制相比，在我国高校内部治理中，学生组织参与还存在动力不足、范围有限、渠道不畅、方式简单、环境不佳、程度较浅、保障不力等各种各样的问题，具体到参与权益的表达上，大多还停留在对高校管理的知情权和建议权上，而对于表达权、参与权和自治权等能够实质性影响高校民主管理的权益实现还流于形式，使得学生组织参与大学治理的实际效用还未充分发挥出来，真正发挥作用。有鉴于此，从制度创新层面，探索我国大学治理中学生组织参与模式，发掘学生组织参与大学治理的动力因素，测度他们的参与程度，对比欧美发达国家学生组织的参与模式，发掘中西方大学治理差异，尤其是学生组织参与治理的差异，剖析我国学生组织参与大学治理面临的困境与成因，为优化完善中国模式提供切实可行的路径，是推动高校综合改革研究的一项重要内容，为提出"中国方案"、构建"四个自信"打下基础。

基于现有理论和文献梳理，现有研究在理论上尚存在可进一步拓展的空间，如大学治理文献对学生群体关注较少，对学生组织的研究更加匮乏；而且对学生组织运行模式的研究较少，在具体机制上往往泛泛而谈。同时，实证研究单薄，调查的样本量小，运用的方法过于简单。以上均不利于大学治理的科学与可持续性发展。由此，本书主要基于上述时代背景、政策背景和理论背景，系统梳理国内外大学治理的发展趋势，聚焦不同学生组织参与模式的比较，提炼

---

① 邓传淮：《推动中国特色现代大学制度建设》，载《中国高教研究》2020年第2期。

并构建"意愿—能力—机制—模式"分析框架，设计学生组织参与大学治理的评价体系，建设性提出中国大学治理中的学生组织参与模式与组织转型路径。

一、高等教育改革的历史背景

研究学生组织参与大学治理是推进大学治理体系和治理能力现代化的题中之义。自 20 世纪 80 年代开始，我国推行的高等教育改革与大学治理现状的形成密切相关。高等教育的改革从最开始就确立了放开大学办学自主权的原则①，而赋予大学自主决策的权力实际上营造了大学的外部治理环境，同时大学为了合理内部配置资源而形成了提高内部治理能力、建设内部治理体系的需求。

改革开放的总设计师邓小平同志始终对教育改革保持了高度关注。1975 年，邓小平同志在主持国家工作期间曾痛心疾首地提出："教育也要整顿"，试图纠正教育界的乱象。1983 年，邓小平同志提出了一个著名的论断："教育要面向现代化、面向世界、面向未来"，在思想上为中国进行教育改革提供了正确的指引。但当时中国教育事业面临的困境确实比较复杂，在教育管理体制上，由于政府权力过于集中，财政体制、用人制度、分配制度、招生制度都是僵化模式，高校缺乏办学活力；在内部制度上，高校学科设置与社会实际需求的矛盾导致经济建设和社会发展所急需的人才奇缺，此外许多专业还存在着教材陈旧老化等问题。这些困难不仅阻碍了我国高等教育事业的发展，同时严重影响了我国经济社会的改革建设。

20 世纪 80 年代中期以后，国家加快了相关改革文件的出台，1985 年颁布的《中共中央关于教育体制改革的决定》是我国教育体制改革的一个起点。它首先指出了我国教育体制亟待改革的主要原因，即不适应"把全党工作重心转移到经济建设上来"的需要；其次，明确提出要加强对大学的宏观管理，扩大高校的自主办学权，决定放开招生、专业调整、教学计划制定、教材选用、科研开发、部分干部任免等权力。直到今天，这份文件的改革思路依然影响着我国高校的外部治理建设。1993 年，中共中央、国务院印发的《中国教育改革与发展

---

① 马陆亭：《我国高等教育管理体制改革 30 年——历程、经验与思考》，载《中国高教研究》2008 年第 11 期。

纲要》进一步提出高校要改革成为"面向社会自主办学的法人实体"：在学校与政府的关系上，要求坚持政府转变职能，减少对学校的直接行政管理，改为运用立法、拨款、规划和其他必要的行政手段进行宏观管理；在学校与社会的关系上，要求改革高校招生和毕业生就业制度，扩大招收委托培养和自费生比重，逐步实行高等教育收费制度，推行毕业生通过人才劳务市场自主择业的就业办法。随着国家的"统招统分统配"政策被打破，社会力量开始通过招生和就业等渠道对高校产生影响。

经过一系列改革，大学的外部治理结构逐渐变得清晰起来：大学作为一个独立的办学主体受到政府的管理和社会的影响，三者通过一定的机制共同推动和实现高等教育的发展，这成为我国现代大学治理体系建设的外部环境，大学在决定自身发展上拥有了很大的灵活性，在校园建设、课程设置、教师聘用、学生管理等与学生息息相关的方面都有自我决断的能力，从而使学生参与大学治理具备了客观可能性。随着外部治理环境的形成，学生、教师等群体对推进大学内部治理的呼声越来越高，获得大学治理的参与权成为学生的普遍需要。

二、经济与法治进步的社会背景

经济与法治领域的进步从根源上形成了大学治理思想产生的社会环境。改革开放以来，我国经济与法治事业取得了巨大的进展，人民物质、精神需求的层次不断提高，这是我国现代大学治理体系建设所处的社会背景。

首先，经济领域的简政放权激发了企业活力，市场思维逐渐深入人心。国有企业、民营企业和其他经济成分在国家政策的支持下纷纷走出了计划经济模式，市场机制开始在资源配置中起决定性的作用[1]，并对高等教育事业产生了深刻的影响。一方面，物质生活的进步开阔了民众的视野，使个人更加重视精神领域自我实现的需求，这在高校的学生活动中体现为学生组织自治的思想和学生参与校园事务决策的需要；另一方面，公共服务购买等新兴理论在国内产生了广泛影响，学生在一定程度上被视为高等教育系统的服务对象，其相对地位

---

[1] 胡必亮、周晔馨、范莎：《全球经济格局新变化与中国应对新策略》，载《经济学动态》2015 年第 3 期。

获得了提高。在此背景下，座谈会、校长意见箱等成为大学管理者倾听学生意见的重要途径；了解学生需求的重要性则在一些综合实力较强的高校中获得了比较普遍的认同。

其次，法治建设同样实现了长足进步，一系列重要的教育法律法规得到了颁布和实施并在全社会产生了重大影响。首先是 1995 年 3 月出台的《中华人民共和国教育法》和 1998 年 8 月出台的《中华人民共和国高等教育法》，它们为维护高等教育相关主体的合法权益提供了切实的法律保障。上述两法在要求高校实行民主管理的同时，肯定了学生团体在组织学生等方面发挥的作用。2016年 6 月 1 日，经过修订的两部新法正式实施，在宏观上进一步明确高校、教育行政部门、社会等三方面力量在高校建设上的分工，为大学的良性外部治理结构提供了法律保障。在微观上，新法一方面对学术委员会制度作出了修改，从而进一步肯定教授治学的思想；另一方面在高校人才培养上新增了培养学生"社会责任感"的任务要求，而大学治理提倡学生和普通教师通过多种形式参与学校发展建设，对培养学生的权责意识、社会责任感均有较大的意义。其次，在国家政策要求下，许多大学颁布了大学章程，鼓励学生组织参与大学事务决策。大学章程的颁布被认为是依法治校的重要体现①。法治思想的广泛传播有助于从制度层面为大学治理提供保障。最后，一些政策文件为学生组织参与大学治理提供了支撑。比如 2015 年 11 月教育部颁布的《普通高等学校学生管理规定》修订稿和 2005 年颁布的原稿，均明确支持学生主体参与高等院校管理工作。修订稿第 41 条提出："学校应当建立和完善学生参与民主管理的组织形式，支持和保障学生依法参与学校民主管理。"从而促进我国大学生参与大学治理的行动从理念层面落实到了组织、制度层面。第 5 条规定：学生在校期间有权自主参加社会服务、校内组织和学生团体，有权维护自身的合法权益。由此可见，《普通高等学校学生管理规定》不仅从学校角度支持建立学生组织推动学生参与学校民主管理，同时支持学生积极参与处理同自身利益切实相关的事项。

因此，在社会经济与法治建设不断发展与进步的现实背景下，为了适应经济社会发展需求，完善学生组织参与大学治理模式不仅是新时代推动我国大学内部治理结构科学化和民主化的新趋势，也是彰显现代大学善治宏愿的内在要求。

---

① 宋维明：《在章程建设中夯实依法治校基础》，载《中国高等教育》2015 年第 1 期。

第二节 研 究 问 题

一、理论层面

大学治理理论、利益相关者理论、参与管理理论等现代组织和管理理论在高等教育领域的应用，为学生组织参与大学治理提供了理论基础。随着整个社会自上而下地推动着从管理向治理模式的转变，大学治理通过呼唤多元利益相关者共同参与，突出治理的民主性和共同性。大学治理本身也是学生民主参与的过程，学生权力是大学治理多元权力中的民主权力，在委托代理理论下，学生组织是高校治理主体——学生的代表，采取代表式参与的方式，参与大学内部治理，突破了传统的高校行政管理模式，使学生已不再作为被动接受管理的角色，而是在一些关系切身利益的关键问题上拥有参与治理的权利，成为大学治理的动态参与者，形成多元主体共治的局面，构成大学治理的必要组成部分。在理论层面，本书力图在推动大学治理等理论的深化发展，以切实落实"以生为本"的教育理念，发挥大学治理的育人功能，培养学生的现代公民素质；完善内部治理结构、推动高校综合改革。

二、实践层面

在实践中，虽然在我国颁布实施《高等教育法》后，大学制定了章程，并按照章程规定出台了若干与大学治理相关的规章制度，但是，学生组织参与大学治理的实践困难仍然存在。以高等教育大省——湖北省为代表，笔者针对湖北省 12 所高校开展调查时，发现所有学校都设置了学生意见收集、传达与处置的机制，但在不同学校中这类机制的发展程度有巨大的差异。部分样本高校已经建立了全校性、专门性的服务机构，用来全面承担收集、过滤和转达学生意见的职能，同时负责对学校各个职能部门的履职情况进行监督。在此类机构的推动下，学生组织参与大学治理受到了学校管理层的持续性关注并成为一项与普通学生生活息息相关的日常活动。在另一些样本高校中，学校的团委、研究生院等机构发起成立了学生会权益部、学生自律委员会等机构，它们在职能上侧重于面向学生收集意见和建议，由团委或研究生院代为与其他职能部门进行沟通，这种参与形式规模较小、比较简单、尚处于发展之中，但同样使一部分学生的意见反映到了学校建设中去。还有部分高校并未为推动学生参与大学治理而建立起专门的学生组织，它们依靠的是不定期举行的座谈会或由辅导员转达学生需求，学生没有固定的途径可以与学校建设的决策者进行双向沟通，这使学生参与学校建设和维护个人权益的行动受到了阻碍。

基于上述理论与实践背景的讨论，可以提出本书的研究问题。虽然我国在改革开放后推行的一系列改革举措扩大了高校的自主权办学权，然而普通教师和学生却并未真正获得参与学校管理的权力。在当前的形势下，高校作为象牙塔的观念已被破除，在政府更多赋予学校自主权和社会参与权后，大学如何处理好教师、学生、行政管理教辅人员的诉求，从而在与社会、市场建立更紧密联系的过程中建立起较好的利益协调机制？这正是大学治理研究需要解决的问题。而学生作为大学内数量最庞大、思想最活跃的群体，理应得到重点关注。本书主要探寻了学生组织参与大学治理的驱动因素，界定其行为选择与事务范围，提出了一种学生组织参与大学治理的模式，并对大学如何改进学生参与程度提出了建议。

第三节　研究意义

一、学术价值

从古典大学到现代大学，大学的社会角色发生了巨大的变化。随着人才培养目标逐渐与经济发展的需求相对接，筹措经费的来源更加社会化，大学不再是远离世俗的净土而正成为社会的服务站，大学职能从单一的人才培养职能拓展到科学研究、社会服务和文化传承创新等四个方面。换言之，高等教育已不是一个独立的象牙塔，其发展、变革正日益取决于社会进步的需要。在服务于社会的定位下，高等教育体系在效率、开放、能力等层面都提出了更高的发展目标，为此教育体制和大学内部的变革进程都在加快。近年来，大学治理的思想对我国的现代大学建设产生了巨大的影响，吸引了众多研究者对此开展详细的探究。相对于现有研究，本书体现了一定的学术价值，具体可以分四个方面进行论述。

第一，许多相关研究都立足于"促进学生参与大学管理"的视角，本书则从大学管理转向大学治理，纠正了管理视阈下学生身份定位的矛盾。学生在管理视阈下视为被管理者，其身份决定了在参与管理的过程中只能采取提意见等简单方式表达诉求。在大学治理的视阈下则不一样，大学治理将学生视为学校发展的利益相关者，给予了学生参与校园决策的平等地位。管理是权力自上而下、单向支配的过程，治理则要求大学治理的权力主体向多个利益相关群体回归，实质是建立在共同利益之上的合作。也就是说，学生参与校园民主管理只是学生参与现代大学治理的一个初级阶段，后者还需要从构建现代大学治理结构出发，重新定位学生参与的范围、路径和角色。

第二，本书将研究视角从学生过渡到学生组织，比以往研究更详细、具体的研究了学生参与大学治理的稳定形式——学生组织。现有研究主要是从学生参与大学治理的意识、范围、参与程度等角度着手，对学生组织参与大学治理的机制进行研究则很少。2009年哈恩曼（Huisman）[①]、帕拉迪斯（Paradeise）[②]等人分别出版了两本关于大学治理的较有影响的学术著作，他们将绝大部分注意力投向了国家、教授、管理者等主体对大学治理的参与，而其著作的目录中甚至没有有关学生的条目。在大学治理研究中对学生因素关注度仍显不足的情况下，本书着眼于研究具有中国特色的大学治理下的学生组织参与模式，同时为高校推动学生组织参与大学治理提出了具体化建议。

第三，本书在研究方法上重视将实地调研、实证分析与理论研究相结合，

① Huisman J. International perspectives on the governance of higher education: Alternative frameworks for coordination. New York: Routledge, 2009: 5-10.
② Paradeise G, Reale E, Bleiklie I, et al. *University Governance: Western European Comparative Perspectives*. Dordrecht: Springer, 2009: 9-15.

建立了分析学生组织参与大学治理的一个框架。首先，从理论与历史研究出发，分析提出了一种学生组织参与大学治理的模式；其次，在此基础上对样本高校的发展情况进行评估和案例分析，从而进一步为这种模式的存在性和合理性提供了现实基础；最后，通过对动态发展路径的驱动因素进行研究，形成了有关大学建设的改进性建议。国内相关研究一般都是对某地区的大学调研后进行描述性统计分析，要么缺少理论研究的支撑，要么研究问题比较单一。本书把实地调研范围扩大到了省一级层面；同时设计了指标体系和评价量表，采用规范的定量研究方法，对学生组织参与大学治理的水平进行了测度，从而使研究更加深入、系统和完整。

第四，学生组织参与大学治理的研究可以为社会治理研究提供借鉴。当传统管理体制下的被管理者转变为治理体系下的利益相关者和决策参与者之后，其活动往往以"组织"为载体，本书对此进行了研究；而社会治理的相关研究同样面临类似的现象。同时，社会治理是引导公民积极参与公共目标的实现过程，目标是使公共利益最大化，这与大学治理的目标是一致的。所以，对大学这样一个半开放性社区的内部治理问题进行研究，可以为社会治理研究提供借鉴与启发。

二、现实意义

本书立足于大学治理过程中尚待解决的实际问题——学生组织参与治理的缺位，相关研究结论将对大学治理实践的发展提供建议和参考。本书的实践意义集中体现在以下四个方面。

第一，有助于提高大学治理水平，加快建立现代大学治理体系。构建大学治理体系、提高大学治理能力至少需要从观念、结构、制度等三个方面进行着手，本书从上述三方面讨论了学生组织参与大学治理的模式，树立了大学治理体系的发展目标和攻坚方向。同时，高校建立和完善大学治理的核心任务是为多元利益主体参与大学治理提供有效的路径、清晰的边界。本书对学生组织参与的形式、参与的事务范围和权利范畴、整体环境保障等进行系统的研究，有助于更详细地刻画本书提出的参与模式，为提高学生参与大学治理的水平提供建议。研究学生参与大学治理的途径同时可以为教师、校友、企业等其他各类主体参与大学治理提供路径参考和发展导向。

第二，有助于提高对学生权益的保障水平。首先，推动大学治理提高了学生的校内地位，学生从被管理者转变成学校建设的参与者，拥有的权利更加丰富，权力地位获得了提高。在自身权益受到侵害时，学生可以依赖于学生组织等途径进行申诉；在行使政治性权利的过程中，学生群体的权责意识将受到更好的教育。

第三，有助于学生组织完善运行机制、提高工作绩效。学生组织参与大学治理的不同实践已经在全国各地的大学中遍地开花，不同大学的大学章程中都肯定了学生参与学校决策的权利。但是学生组织的参与模式仍然存在效果不好、发展程度低、不受重视等问题，本书将从大学自身角度提出完善学生组织参与模式的结论和建议，对落实学生权利、形成微观机制提供参考。此外，大学中有一些学生组织是服务于学生参与大学治理的专门组织，这些学生组织在新工作领域内要承担起不同以往的任务，对此类学生组织的结构、形式等进行研究，有助于鼓励学生组织多元化发展，引导学生组织充分发挥在大学治理中的主体价值作用。

第四，有助于落实中国特色社会主义民主在基层治理方面的实践。在大学校园和大学生群体中塑造"四个自信"的坚定意识与良好氛围。学生组织对政府治理和社会治理有参与诉求，应在大学治理这一基层治理的实践范围内对青年学生进行积极引导，培育良好的基层治理文化，将增强青年学生对"道路自信、理论自信、制度自信、文化自信"的认同，一旦进入社会后，也必将对社会治理、政府治理、国家治理乃至全球治理有着更强烈的方向感与领悟力。

第四节 文 献 综 述

从 Google Scholar、Jstor、CNKI 等检索的情况上看，在近年来高等教育领域的研究中，大学治理是一个热点问题，但对于大学治理中学生的地位和学生组织在大学治理中发挥的作用相关研究却缺乏关注。以知网为例，如果将"大学治理"或"大学内部治理"作为关键词对核心期刊的"题目"进行检索，截至2020年4月底共有1 845篇相关文献发表在核心期刊上，其中2014年以来年均发表的论文数均在近200篇左右，证实了大学治理相关问题的研究价值。将"大学治理"或"大学内部治理"同时与"学生"作为关键词对核心期刊的"题目"进行检索，则仅能发现71篇文献发表，如果进一步将"学生"替换为"学生组织"进行检索，则仅有6篇文献发表。可见，虽然目前国内学术界对大学治理研究保持了热烈的关注，然而专门从"学生"或"学生组织"的角度对大学治理进行探讨的文献还较少。所以，本书在研究中扩大了国外文献选取的范围，不仅针对专门研究学生、学生组织与大学治理关系的文献进行了分析，同时对大学治理或学生组织研究中与本书研究主题有关的部分也进行了分析。

针对国外文献的分析发现，有关学生参与大学治理的研究比较丰富且起始时间早于国内类似研究，但专门针对学生组织与大学治理的研究很少。具体来说，国外大学学生参与内部治理的理论探索与实践浪潮均起源于20世纪60年代末、70年代初。在研究方法上，实证研究几乎统领了国外文献，理论研究较少。在研究内容上，透过对研究问题的目的指向、研究框架的理论机理以及研究结论所包含的现象和意义进行梳理，现有文献凸显出三条彼此之间具有逻辑关联的内容主线，即：（1）学生参与大学内部治理的正当性与必要性；（2）学生在大学内部治理结构的角色定位、参与途径与范围；（3）学生参与大学内部治理的效果、效率、自我绩效感等。相比之下，我国学术界当前对该选题的研究主要以理论研究为主，实证研究较少；理论方面的研究大多集中在参与价值、参与内容、参与形式、参与的影响因素等方面。所以，基于研究主题相关性和现有文献丰富度上的考虑，本部分将从三个方面对国内外研究的情况进行归纳，最后结合本书研究主题进行综合性评析。

一、大学治理中学生组织参与模式的相关理论研究

进入21世纪以来，国家启动了新一轮高等教育管理体制改革，学生参与大

学治理被视为中国现代大学制度建设中的重要一环。在实践中，高校出台了相关举措用以鼓励学生参与校园政策制定、教学计划、学生管理等事务决策。在此过程中，学生组织逐渐成为沟通学生和校方最有效的形式载体。政策与实践的进展促进了新理论、新思想的出现与应用。

一直以来，围绕学术事务、行政事务、教学管理、对外交流等方面的大学管理问题研究几乎涵盖了所有视角，但随着治理理论、利益相关者理论等一系列的管理学、社会学、经济学理论改变了人们审视大学管理的角度，一种反思开始在大学管理的所有研究领域内蔓延：管理问题研究的前提，即在绝对意义上存在着管理者和被管理者的关系，是不是一种正确的观念？对学校发展非常关心的学生群体与普通教师群体能不能与行政管理人员、高级教授一样为大学发展做出有价值的贡献？学者们从而站在以往的研究成果上形成了颠覆性的创新。比如，罗兹（R. A. W. Rhodes）[1]、威廉姆森（Williamson）[2]、俞可平[3]、世界银行[4]等就对治理的内涵进行了阐述，詹姆斯梳理了相关治理理论，认为传统管理框架下的管理者与被管理者之间同样可以是平等、协商的关系，他们可以为了共同利益的最大化而合作[5]。基于治理的特征和类型差异[6]，学者们分别提出了多中心治理[7]、网络化治理[8]和嵌入式治理[9]等不同的模式[10]。埃利诺·奥斯特罗姆提出的多中心治理理论，打破了政府和市场二元机制，将社会引入到公共治理中[11]。科森（Corson）在《大学的治理》一书中首次在高等教育领域提出大学治理概念[12]。之后，卡耐基高等教育委员会基于治理理论对"大学治理"进行了定义，认为大学治理是大学多元利益主体在平等民主氛围下对大学事务进

---

① R. A. W. Rhodes. Control and Power in Central – Local Government Relations. *Theory and Society*，2003（15）.

② Williamson O. *Market and Hierarchies*：*Analysis and Antitrust Implication*. New York：Free Press, 1975.

③ 俞可平：《全球治理引论》，载《马克思主义与现实》2002 年第 1 期。

④ The World Bank. Governance and Development. The World Bank, 1992.

⑤ 詹姆斯·罗西瑙：《世界政治中的治理、秩序和变革》，张志新译，江西人民出版社 2001 年版。

⑥ 格里斯托克：《作为理论的治理：五个观点.国际社会科学杂志（中文版）》1999 年第 2 期。

⑦ 孙柏瑛、李卓青：《政策网络治理：公共治理的新途径》，载《中国行政管理》2008 年第 5 期。

⑧ 张康之、程倩：《网络治理理论及其实践》，载《新视野》2010 年第 6 期。

⑨ 郭春甫：《公共部门治理新形态——网络治理理论评介》，载《宁夏大学学报：人文社会科学版》2009 年第 4 期。

⑩ Thomas Catlaw，Jeffrey Chapman. A Comment on Stephen Page's "What's New about the New Public Management". *Public Administration Review*，2007，67（2）.

⑪ 埃莉诺·奥斯特罗姆：《公共事务的治理之道》，余逊达、陈旭东译，上海译文出版社 2012 年版。

⑫ John. J. Corson. Governance：Interacting Roles of Faculty，Students and Administrators. American Association for Higher Education，the 26th National Conference on Higher Education，Chicago，Illinois，1971.

行决策的过程，不同于管理和行政①。小松太郎（Taro Komatsu）提出大学治理的核心在于分权，包括意识和参与作用②。何勇平认为，大学治理强调了多元行为主体平等地参与、谈判、协商，以社会整体利益为价值导向共同应对公共事务的新规则、方法，它的实现有赖公众的参与③。利益相关者理论认为，在行动中区分清楚利益相关者非常重要，协调好利益相关者的诉求有助于行动目标的实现。在多元主体参与治理模式下，校长、教师、学生、家长和社会都是大学治理的利益相关者，明确了谁参与治理的问题，即治理主体。这些新思想、新观念上的竞相迸发，推动了大学治理研究课题进入人们的视野和深化发展。

另外，民主、法治、公平、参与在全球范围内成为大国发展的过程中普遍提倡的政治原则，而高校作为一种重要的社会组织肩负着培养高级人才、推动国家科技文化发展的使命，一直以来都是学者和改革家关注的焦点。伯根（Sjur Bergan）提出，应立法保障学生参与高校管理权利④。布洛兰（Paul A. Bloland）认为，应突出学生主体在大学治理中民主参与的地位和作用⑤。菲利普·凯恩（Philip Carey）也从内部和外部利益相关者角度肯定了学生作为大学内部利益相关者的核心地位⑥。卡尔（Karl Jaspers）则提出大学生应培养主人翁精神和自主意识参与大学治理⑦。21世纪以来，我国高等教育开始由精英教育转向大众教育，高校管理中学生越来越成为一个重要的群体。与此同时，市场化思维、个人主义、国外大学管理的其他新思维都给高校这座象牙塔带来了巨大的挑战；学校内部多个利益主体之间的不均衡性日益突出，亦导致各类矛盾的产生。为了解决高校内出现的新问题，把对学生、教师思想的压制转变为有序引导和释放，就必须推动大学治理体系改革、鼓励学生组织参与大学治理，这也被认为是以人为本的科学发展思维在高等教育领域的体现，更是提升大学生的社会主义核心价值观、养成现代民主法治观念的有效途径，亦符合现代大学制度建设

① Carnegie Foundation for the Advancement of Teaching. Governance of Higher Education：Six Priority Problem. McGraw – Hill，1973（10）：53 – 55.
② Taro Komatsu. Does Decentralization Enhance a School's Role of Promoting Social Cohesion? Bosnian School Leaders' Perceptions of School Governance. *International Review of Education*，2014，60（1）：7 – 31.
③ 何勇平：《大学治理：走向现代大学制度建设之路》，载《重庆工商大学学报：社会科学版》2013年第5期。
④ Sjur Bergan. *The University as Respublica*. Council of Europe Publishing，2004（12）：32.
⑤ Paul A. Bloland. A New Concept in Student Government. *The Journal of Higher Education*，1961（2）：95.
⑥ Philip Carey. Student Engagement：Stakeholder Perspectives on Course Representation in University Governance. *Studies in Higher Education*，2013，38（9）：1290 – 1304.
⑦ Karl Jaspers，*The Idea of University*，London：Peter Owen Ltd.，1965.

的要求。大学治理的相关选题逐渐成为国内外高等教育研究的一个热点。

大学治理相关选题的探讨逐渐深入为开展更加具体、系统化的专题研究积累素材。近年来，国内外的相关研究呈现出明显地增加趋势，究其原因，一方面是受到经济、社会、文化等外部环境变化的影响，另一方面则是应我国高等教育改革的需要，大学治理已经成为一个不可回避的研究课题。当前的研究成果除了集中讨论大学治理的内涵、理念、结构、意义等宏观问题之外，开始逐渐涉及更具体层面的问题，比如学生与大学治理的关系、学生参与大学治理的意愿和实践等。但针对"学生应采取什么方式参与大学治理"这个极富现实意义的问题，相关讨论还停留在浅层上。这种情况出现的一个原因是，我国学生参与大学治理的实践起步较晚，虽然发展水平相对较低但却十分迅速，难以抓住一个很好的研究时点进行切入，从而建立起对我国大学治理结构中学生群体的定位与认知。另一个原因是，这个研究选题的核心，实际上并非仅是"大学治理中学生的参与方式"，而是一个系统命题。如果在对学生参与大学治理的方式进行比较后，可以确定学生组织形式是比不依赖于组织的个人参与更有效的方式，还需要阐明其他问题，比如学生组织的具体形式是多种多样的，较优形式的特点需要被界定，学生组织参与大学治理的领域、与其他参与者的关系、对原有学校管理结构的影响等都应当予以研究。本书将基于"学生组织的参与模式"一词对上述待回答问题进行研究，显然"参与模式"的含义是富有层次的。

二、大学治理中学生组织参与模式的形式与作用

1. 大学治理中学生组织参与模式的形式

为了保证学生参与大学治理的机制能够有效运作，参与主体、参与组织形式、参与渠道、参与范围、参与方式、参与保障等要素的设计至关重要。大多数研究认为完善学生参与治理所依赖的组织形式对于大学治理体系建设和治理能力提升具有重要意义。

西方国家的大学中学生参与治理的核心载体是具有政治性的学生组织。最

早出现在中世纪意大利博洛尼亚大学①，学校的学生行会组织、同乡会逐渐形成的学生联盟掌握了学校章程制定权、学校教学事务和教授选聘等，该校最终成为"学生型大学"的鼻祖②。学生组织作为学生参与大学治理的载体③，在不同国家和学校的称谓各不相同，一般被称为学生联合会（student union）、学生评议会（student senate）或学生治理委员会（student government）④。凯恩介绍了美国肯尼亚州立大学中学生通过组成学生治理联合会与其他校内委员会、评议会共同进行大学治理的情况，该联合会在代表学生参与校园事务管理的同时负责保护学生的正当权益，在大学治理中发挥了显著的作用⑤，而这种学生组织参与模式正是美国大学治理的典型模式。琼斯（Jones）认为西方发达国家的学生会一般都建立了较为民主的内部决策结构并且可以向学校的核心权力机构派出代表参与管理活动、行使治理权，比如英国国家学生联合会（National Students Union）提出其成员组织需要扮演好四种角色：活动家（activist）、学生代表（representative）、管理者（minister）、理事（trustee）⑥。布鲁克斯（Brooks）等人的实证研究显示，绝大多数被访谈的学生会成员认为"学生代表"是他们在实践中最紧要的角色而参与校园事务管理则是学生代表的重要职责⑦。

此外，一些研究还对学生组织参与大学治理的正当性进行了肯定，比如在美国南伊利诺伊大学理查德·安德斯（Richard Antes）教授所著的《学生参与大学治理》一书中，他对学生组织参与大学治理的必要性及学生组织在治理安排中应有的角色定位做了详细的阐述并针对学生组织"有效参与大学治理"提出了建议性的大学行动纲领⑧。布鲁贝克（John Seiler Brubacher）根据洛克的有限政府理论⑨，论证了学生组织参与大学治理的合法性⑩。从实践情况上看，西方现代大学

---

① 汤姆逊：《中世纪经济社会史》，商务印书馆 1984 年版。

② Hastings Rashdall, *The Universities of Europe in the Middle Ages*, Oxford University Press, 1936.

③ Stephen H. Spurr. Faculty Power Versus Student Power, *Peabody Journal of Education*, 1970（1）：38.

④ James J. F. *Forest and Philip G. Altbach. International Handbook of Higher Education*, New York：Springer, 2005：333.

⑤ Carey P. Student Engagement：Stakeholder Perspectives on Course Representation in University Governance. *Studies in Higher Education*, 2013, 38（9）：1290–1304.

⑥ Jones G A. *Governing Higher Education*：*National Perspectives on Institutional Governance*. Canada：Kluwer Academic Publishers, 2002.

⑦ Brooks R, Byford K, Sela K. The Changing Role of Students' Unions within Contemporary Higher Education. *Journal of Education Policy*, 2015（2）：165–181.

⑧ Antes R. Involving Students in University Governance. *Naspa Journal*, 1971（1）：48–56.

⑨ 洛克：《政府论》，商务印书馆 1997 年版。

⑩ 布鲁贝克：《高等教育哲学》，王承绪译，浙江教育出版社 2001 年版。

中学生组织参与大学治理的意愿得到了尊重，这意味着学生不再是单纯的被管理者，他们不仅获得了参与决策的途径，同时也建立了保障自身权益的屏障。

国内学生参与大学治理的行动也依托了各式各样的学生组织，有学者对具体案例进行了研究。比如根据颜霜叶等人介绍，北京大学学生会分为代表会和执行会，其中执行会就是普通的学生会，而代表会则是一种监督性机构①。李文君介绍了南开大学将学生代表大会作为学生参与治学治校的途径所发挥的重要作用②。徐晓丹认为学生参与治理不能仅仅作为个人行为而存在，必须依赖于一定的组织、机构③，而这已成为学生和高等教育者的统一认识。国内的相关文献不仅涉及了学生组织在推动学生参与大学治理上的价值性，还针对学生组织的具体工作、组织形式等开展了分析，为本书研究学生组织的参与模式提供了比较系统的研究素材。

尽管如此，相较于大学治理结构中其他群体所受到的关注，学生组织在大学内部治理框架中的角色及贡献依然是一个被长期相对忽略的领域，比如 2009 年出版的关于大学治理的两本比较有影响力的学术著作，它们将绝大部分注意力投向了国家、教授、学校管理者等参与主体，但在目录中却没有有关"学生群体"的条目④⑤。

2. 大学治理中学生组织参与模式的作用

随着学生组织逐渐参与到大学治理实践中去，一些学者对于现代大学治理中学生组织的作用进行了研究，从学生组织参与大学治理的价值与意愿上肯定了重视学生组织地位的观点。就学生组织自身的角度而言，王丽琛等人在研究中强调了参与大学治理对维护学生权益，尤其是受教育权的积极作用⑥。就高校的角度而言，万思志等人认为学生组织参与大学治理能够使学校节省管理成本、提高管理效率⑦。孙芳认为，解决学生权力运行之中"权利"与"权力"相互

---

① 颜霜叶、花亚纯：《组织理论在大学管理改革中的应用》，载《中国农业教育》2005 年第 4 期。
② 李文君：《大学生如何参与高校管理》，载《教育与职业》2013 年第 4 期。
③ 徐晓丹、张志忠、谢雪玲：《学生参与大学内部治理的现状及路径选择》，载《北京航空航天大学学报（社会科学版）》2015 年第 6 期。
④ Huisman J. *International perspectives on the governance of higher education：Alternative frameworks for coordination*. New York：Routledge，2009：5 – 10.
⑤ Paradeise G，Reale E，Bleiklie I，et al. *University Governance：Western European Comparative Perspectives*. Dordrecht：Springer，2009：9 – 15.
⑥ 王丽琛、李旭炎、范丽娟：《学生权力及其在大学治理中的保障》，载《教育与职业》2015 年第 11 期。
⑦ 万思志、李冬雪：《学生在高校管理中的地位和作用探析》，载《黑龙江高教研究》2010 年第 4 期。

混淆、保障性制度匮乏等问题有助于优化我国大学的内部治理结构、促进高校的长期发展[1]。李超玲等人从利益相关者角度对高校中的学生组织的地位进行了调查，从重要性、主动性和紧急性三个维度对大学的利益相关者进行分类后发现，在任一维度上学生均是一所大学的关键性利益相关者[2]，有必要通过学生组织表达利益诉求。蒋惠玲以30所美国私立大学为研究样本，发现大学内部治理中任何一种权力屈服于另一种权力都不利于现代大学的建设[3]。针对学生参与意愿的调查发现，学生有比较强烈的需求通过学生组织的形式参与到大学治理之中。比如任初明等人对武汉市4所高校开展的问卷调查与访谈发现：91.2%的学生赞同学生应该参与大学治理，虽然结果同时显示由于各方面的限制学生的实际参与率仅为30%[4]。张瑞强、杨贵明[5]和王洁、朱健[6]认为学生组织参与大学治理对培养学生综合素质，特别是思想道德品质具有重要作用。石岩森、李华[7]、施杨[8]和王拓[9]强调了学生会和学生社团在大学文化建设中的积极作用。与国外主流的观点类似，国内学者对学生组织参与大学治理普遍持肯定态度，大多数研究者认为学生组织有必要同时也有理由在学生参与学校事务的决策过程中发挥桥梁作用。

总体上说，自1960年以来，支持学生组织参与大学治理的观点始终占据着重要地位，已有研究从学生组织的参与角色、学生组织参与的作用和价值等角度对该观点进行了论证。与此同时，高校的有关实践逐渐在高等教育领域营造出了共治型的管理文化，许多国家开始在现代大学建设过程中重视从法律规章、治理结构、组织载体等层面上建立学生组织参与内部治理的操作框架。

---

① 孙芳：《复合共治视域下我国学生参与大学内部治理的权力问题探析》，载《中国高教研究》2011年第11期。
② 李超玲、钟洪：《基于问卷调查的大学利益相关者分类实证研究》，载《高教探索》2008年第3期。
③ 蒋惠玲：《大学内部治理中两种权力的契合——基于对美国私立大学的实证研究》，载《教育学术月刊》2015年第12期。
④ 任初明、赵立莹：《学生参与高校管理的实证研究——对武汉4所高校的调查》，载《辽宁教育研究》2008年第3期。
⑤ 张瑞强、杨贵明等：《强化学生组织在素质教育中的载体作用》，载《学校党建与思想教育（高教版）》2010年第1期。
⑥ 王洁、朱健：《拓展学生社团功能升华育人内涵的思考》，载《辅导员工作研究（思想理论教育）》2010年第7期。
⑦ 石岩森、李华：《加强管理充分发挥学生会组织在大学生教育管理中的作用》，载《辽宁行政学院学报》2006年第4期。
⑧ 施杨：《充分发挥学生社团在学校文化建设中的积极作用》，载《当代教育论坛》2010年第8期。
⑨ 王拓：《论学生会在大学校园文化建设中的积极作用》，载《当代教育科学》2008年第11期。

三、学生组织参与大学治理的内容、程度与影响因素

除了针对学生组织的地位与角色进行探讨外，一些学者对学生组织参与大学治理的内容、程度与绩效开展了研究。在学生组织从"缺位"走向"共治"的过程中，各大学进行的制度创新与民主实践为此类研究提供了丰富的样本与案例。

1. 学生组织参与大学治理的内容

国外学者有关学生组织参与大学治理的内容涉及学校治理结构的重塑[①]、治理权力的配置[②]以及学生组织保障的学生权利[③]等。罗伯特·伯恩鲍姆（Robert Bimbaurm）[④]和里昂·塔克曼（Leon Trakman）[⑤]分别就大学治理的硬治理和软治理展开论述。硬治理即结构治理，提倡这一治理观点的学者认为，治理的关键在于结构，基于多元利益主体构建的平衡结构能保证治理过程有效和目标实现。但单一考虑结构因素的大学治理效果并不理想，威廉·L·沃（William L. Waugh）和詹姆斯·斯旺森（James Swansson）更推崇人本理念的组织文化形成的软环境[⑥]。在软环境中，人在治理结构中发挥重要作用。不同利益群体参与大学治理的权力，包括学生权力、学术权力、行政权力和外部权力共同构成高校的权力结构[⑦]。艾米（Amy）探讨了学生组织代表学生参与大学治理如何保障学生权利问题，其中，学生权利涉及学习权、知情权、特殊学生权利等诸多权利[⑧]。

对于学生组织参与大学治理的内容，国内学者存在两种不同的观点。一种

---

① Brian Pusser. Competing Missions：Balancing Entrepreneurialism with Community Responsiveness in Community Responsiveness in Community College Continuing Education Division. New Directions for Community Colleges，2006（136）.

② John Vande Graaff. Editorial：Staff Development in Higher Engineering Education. *European Journal of Engineering Education*，2001，26（4）.

③ Robert Bimbaum. The End of Shared Governance：Looking ahead or Looking Back Matter. *New Direction for Higher Education*，2004，127.

④ Robert Bimbaum. Faculty in Governance：The Role of Senates and Joint Committees in Academic Decision Making（Special issue）. *New Directions for Higher Education*，1991，18（30）：8 – 25.

⑤ Leon Trakman. Modeling University Governance. *Higher Education Quarterly*，2008，62（：）：77.

⑥ William L. Waugh. Conflicting Values and Cultures：The Managerial Threat to University Governance. *Policy Studies Review*，1998，12.

⑦ James Swansson，Deborah Blackman. Governance in Australian Universities：Where Next？CESifo DICE Report，February，2009.

⑧ Amy Frank Rosenblum. Balancing Students' Right to Privacy with the Need for Self Disclosure in Field Education. *Journal of Teaching in Social Work*，1991，5（1）.

看法认为，学生作为高校管理的主体有权利和义务参与各类事务的管理。比如郭兰英提出学校是由投资者、教师与学生所共有的，学生应获得参与学校事务决策的广泛权力；不仅包括学校规则的制定，同时也应包括学校规则的执行①。第二种观点强调要重视学生群体的特长和局限性，主张使其有选择地、有侧重地参与事务决策。张维平强调学生参与的"学校管理"主要涵盖的是学校为实现其培养目标而进行的有关学生切身利益的计划、组织、指挥、协调、控制等活动②。侯浩翔认为学生参与治理事务的领域是有限度的，在范围的确认上应秉持学生利益相关性与决策技能相结合的原则，具体包括教学评价与改革、后勤管理、学生管理等方面③。类似的观点还有，冼季夏认为学生并非需要全盘参与大学治理，而是可以根据自身特点、学校系统和文化等决定参与范围④。此外，张梅芬在学生参与的内容和范围上进行了国际比较，也得到了类似的结论⑤。两种观点的对比较为鲜明，前一种观点在更大范围上肯定了学生对大学治理的作用，支持学生不加区分地参与大学事务性决策；后一种观点更符合共同治理、利益相关者理论等思想，与本书所秉持的观点更为类似。

2. 学生组织参与大学治理的程度

从中世纪时期的古典大学开始，学生参与大学事务决策已经成为西方的一个传统，比如大学评议会作为中世纪法国大学的最高立法与行政机构便吸纳了部分学生成员⑥。西方现代大学管理方式的民主化进程则出现于 20 世纪 60 年代的美国、欧洲，后来扩展到了澳大利亚和南美洲。根据琼斯等人的研究介绍，加拿大的大学校董会中学生成员的平均比例为 9%，普通教师的平均比例为17%；教代会中学生成员比例为 17%，普通教师为 44%⑦。根据卡多优（Cardo-so）等人在"大学治理中的学生——以葡萄牙为例"中的记述，2009 年以前葡萄牙的大学基本都实行两院制（University Senate、University Assembly），教师和学生代表的比例基本持平，各占 40% 左右；2009 年以后则实行单院制（General

---

① 郭兰英：《高等学校学生权利研究》，载《湘潭大学社会科学学报》2003 年第 6 期。

② 张维平：《大学生参与学校管理的理论分析》，载《当代教育论坛》2006 年第 1 期。

③ 侯浩翔、钟婉娟：《学生参与高校治理的价值逻辑与机制建构》，载《教育评论》2016 年第 9 期。

④ 冼季夏：《构建学生参与的高校治理实践研究》，载《广西社会科学》2016 年第 5 期。

⑤ 张梅芬：《美国大学生参与高校管理的启示》，载《中国成人教育》2010 年第 14 期。

⑥ Carey P. Student engagement: stakeholder perspectives on course representation in university governance. *Studies in Higher Education*, 2013, 38 (9): 1290–1304.

⑦ Jones G A. *Governing higher education: National perspectives on institutional governance*. Canada: Kluwer Academic Publishers, 2002.

Council），学生代表比例降至 20%～30%①。虽然在参与范围和程度上有所不同，但基本上所有选举民主制的国家都推动了学生组织参与大学治理。

虽然学生组织参与大学治理具有一定的合理性和必要性，但从现状上看，目前我国大学治理中的学生组织参与还存在着明显缺位。李景平等从高校的章程文本出发，对比分析了七所"985 工程"高校章程中关于大学内部治理的行政权力、学术权力、学生代表大会权力的文本内容，发现有五所高校未明确规定学生代表大会的职能范畴，另外两所高校则仅规定了"建议权"，而对学生代表大会的运行机制、成员产生等基本要素均未涉及②。这说明学生组织参与大学治理在制度层面未得到应有保障。姜华以 16 所本科院校为研究对象分析了"研究型"、"教学研究型"和"教学型"三类高校的事务决策中不同权力主体的影响力大小，发现在所有类型的决策中学生组织权力都是最弱的，而行政权力的影响普遍较强，从而提出建议：政治权力应逐渐抽身出来，让渡给其他利益相关者群体，尤其是赋予学生更多的参与权力，给学生组织参与大学治理留下空间③。刘佳对吉林省某大学的 500 名学生开展了问卷调查，用以了解他们对学生组织参与大学治理的态度和行为，结果发现当前大学生政治绩效感十分匮乏；内在维度上表现为对权威的强烈服从、主动表达能力弱等方面，外在维度上则表现为学校对学生权力的轻视④。张天兴为调查大学治理中学生组织参与的问题，对某大学的学生进行抽样调查发现，55% 的学生认为学校不重视学生意见；通过行政管理部门和辅导员参与的比例非常低，而学生组织是学生最依赖的参与方式⑤。周巍等人利用自编"学生参与大学民主治理"评价量表对武汉市 7 所大学开展调查与案例分析，发现该市大学生对自身和学生组织参与大学治理实践的满意度偏低，一个主要原因是学校提供的参与渠道相对匮乏⑥。

① Cardoso S，Santos S M D. Students in higher education governance：The Portuguese case. *Tertiary Education and Management*，2011（3）：233－246.
② 李景平、程燕子：《大学内部治理的困境与出路——基于七所"985 工程"高校章程文本分析》，载《现代教育管理》2015 年第 8 期。
③ 姜华、吴桥阳、李小宾：《三类大学权力结构差异性的实证研究》，载《云南师范大学学报：哲学社会科学版》2014 年第 1 期。
④ 刘佳：《当前大学生政治绩效感实证分析——以 C 大学学生参与学校管理为例》，载《中国成人教育》2012 年第 21 期。
⑤ 张天兴：《大学治理中的学生参与问题研究》，载《华北电力大学学报：社会科学版》2016 年第 1 期。
⑥ 周巍、李芳、林晶晶等：《学生参与大学民主治理的研究——基于武汉市 7 所大学的调查报告》，载《中国青年研究》2015 年第 6 期。

3. 学生组织参与大学治理的影响因素

从目前检索到的文献来看，影响学生组织参与效能的因素主要有历史性因素、制度性因素和学生自身因素等。宋丽慧指出对学生组织参与大学治理产生影响的关键因素有三个：高校现行的管理制度、学生价值观念的多样性和学生组织的参与动机[①]。况广收等人认为大学整体治理结构的选择将影响学生维护公共利益的能力，多元参与、联合互动的协作模式要优于命令、服从的控制模式，参与机制的构建和创新是学生组织参与大学治理的最有效保障[②]。何晨玥则强调了公共价值观培育的重要性，提出学生组织参与大学治理为大学生公共价值观的培育提供了新领域，大学生公共价值观是推动学生组织参与治理体制机制改造与发展的灵魂[③]。董向宇从历史经验出发，认为学生观和制度安排是影响学生参与大学内部"共同治理"的主要因素；要保障学生有效的、合理的参与大学内部"共同治理"，必须从学生观的更迭、适切的制度与机制构建及学生组织参与能力的提升等三个方面着力[④]。上述对于参与效能影响因素的研究为本书进行学生组织参与情况评估提供了部分思想来源。

总之，已有研究提出，学生组织是国内外大学治理中学生群体参与的重要载体，在推动提高学生权力地位的过程中发挥了稳定而重要的作用。服务于大学治理的学生组织的发展程度和其他相关制度性建设对于改善学生参与大学治理的绩效有重要影响。此外，在当前研究中，既有观点赞同学生全面参与大学治理，同时也有观点赞成按照利益相关性或学生的能力特点有选择地参与校园决策的某些方面，本书将对以上观点进行分析和考察。

四、学生组织参与大学治理情况的相关实证研究

除理论研究外，一些国内外学者通过数据收集、分析对学生组织参与大学治理的情况开展了实证分析，为本书的研究提供一定的参考文献。

国内外文献的相关实证研究往往以"案例分析"为主，综合性的量化研究

---

① 宋丽慧：《学生参与：转型时期高校管理的视界》，北京大学出版社2007年版。
② 况广收、黄晓芹：《多元参与联合互动：学生事务治理的新模式》，载《黑龙江高教研究》2013年第2期。
③ 何晨玥：《学生参与大学治理与公共价值观培育》，载《中国青年社会科学》2015年第2期。
④ 董向宇：《论现代大学内部"共同治理"中的学生参与》，载《全球教育展望》2015年第1期。

较少。首先，在调查样本选取上，大部分文献将研究对象设为一所或几所大学，样本量较小，但仍然有少量的研究采用了横断式设计（Cross-sectional Design）横跨几十或者上百个高等教育机构开展调查，试图提供全局性的、更加完整的学生参与大学内部治理的描述与分析。在采用了横断式设计的研究中，比较有影响力的是欧洲委员会自 2000 年后针对欧洲大学相关情况所做的系列调查，其2002 年对欧洲学生联合会 48 个成员省的学生参与大学治理情况进行了问卷调查，并且对其中 15 个公立大学提升民主管理的具体措施进行了详细的对比和归纳①。其次，在数据收集方法上，问卷调查、访谈法和文本分析等社会学的数据收集方法成为迄今为止使用最频繁的工具。近年来，从人类学延伸而来的以研究者直接观察或参与的方式获取主要资料的行动研究也开始进入了视野。在数据分析上，现有文献多数采用的是简单描述统计的方法，相比之下采用更加复杂的统计分析方法的研究较少。对此，李威提出，大学治理的现代化应当是一种可评估的实然状态，一个具有普适性且操作性强的评价指标体系有利于降低大学治理建设的随意性，因此必须把能够全面反映学生组织参与大学治理行为绩效的指标进行量化②；周巍等人在针对学生参与大学治理的驱动因素开展研究时采用了里克特量表收集数据并利用结构方程模型分析了驱动因素之间的关联性③。

综合来看，目前相关实证研究所采用的办法存在一定不足。第一个不足是实证方法比较单一，案例分析占据大半壁江山。鉴于研究者的资源总是有限的，而大学是大学治理这一现象的基本构成单元，在研究中选择一所特定大学作为案例分析对象是受到普遍认同、可行性最高的方案。通过对单个对象进行机理剖析的确能够获得非常有价值的见地，但由于研究对象数量上的单薄，案例分析在总结事物发展规律、解释社会普遍现象等方面有着先天不足。凯扎尔（Kezar）认为横断式调查可以弥补这些缺陷，但是却碍于成本和技术的更高标准而难以实施，在以学生参与大学内部治理为命题的实证研究中总是居于少数④。

———————————

① Persson A. Student participation in the governance of higher education in Europe: A Council of Europe Survey. Steering Committee on Higher Education and Research（CD – ESR），Strasbourg: Council of Europe，2003.
② 李威：《论大学治理现代化评估的价值共识与指标体系建构》，载《教育评论》2016 年第 5 期。
③ 周巍、孙思栋、谈申申：《学生组织参与大学治理的驱动因素研究——基于结构方程模型》，载《中国高教研究》2016 年第 6 期。
④ Kezar A. Faculty and staff partnering with student activists: Unexplored terrains of interaction and development. *Journal of College Student Development*，2010（5）: 451 – 480.

第二个不足则体现在调查样本代表性对结论推断带来的困扰。样本代表性在以问卷和访谈法为主的研究中必须要引起足够的重视，它决定着结论的普遍意义和推广性。目前国内外文献在这个问题上都呈现出了不同程度的短板。首先，不少研究的问卷规模在 200 人以内，考虑到一所大学的学生总数，很难说此类规模样本的观察和观点具有对总体的合理代表性。其次，被调查、被访谈的人群通常集中在学生干部和学生代表两个类别，对其他相关群体却鲜有涉及，如一般学生、教师和管理者等。被调查群体的单一分布阻碍了其他观察与观点的产生，在一定程度和概率上降低了实证研究对学生参与大学内部治理这一复杂现象进行描述的精准性以及解释力。因此，当前相关研究存在着一个真空地带，即将"多种方法、多个机构、多类群体（multi-method, multi-site, and multi-respondent）的分析"运用于同一研究；更重要的是，如何将多层面、多维度的调查结果加以归纳综合，得出更具有普遍意义的结论①。这意味着如果能在较大的调查范围基础上，综合运用多种实证研究方法对于普通学生和学生组织开展系统性研究，则可以更加深入地探讨学生组织参与模式的相关问题。

五、学生组织参与大学治理模式研究的文献评析

综上所述，当前的理论与实证研究成果为进一步思考和探究学生组织参与大学治理提供了坚实的理论基础和丰富的实践导向。但从目前检索到的文献来看，有关学生组织参与大学治理的研究存在以下不足：第一，实证研究比较单薄。实证分析多是局限于某一所高校的参与现状，只有少量的文献对同一地区的几所高校进行调研，对跨地区甚至全国性的调研几乎没有，故调研结果的普适性较差。第二，对于现有理论研究，大多数文献着重研究大学治理的内涵和意义，对相关制度运作模式的研究较少，且在具体运行机制上往往泛泛而谈，未深入探索其在组织架构、人员设置、运行环节上的有效性、可借鉴之处等。第三，在比较研究方面，现有文献大多对国内和国外的学生参与大学治理整体情况进行对比，缺少对学生参与情况和学生组织运作模式的比较研究。第四，

---

① Pabian P, Minksova L. Students in higher education governance in Europe: Contrasts, commonalities and controversies. *Tertiary Education and Management*, 2011 (3): 261 – 273.

缺少一套可量化的大学治理参与情况评价体系和此类研究的一种分析范式。现有的问卷调查也仅基于定性的判断，无量化标准可言，使得针对大学治理下学生组织参与模式的研究缺少从外部感知的评价体系。针对上述研究不足，本书提出以下研究要点：第一，设计规范的学生参与情况评价体系。通过参考已有研究成果、运用德尔菲法咨询相关专家制定本研究所需的评价体系，通过预调研和分析反思进行完善。第二，按照总体研究框架提出实证研究的目标、假设与方法，如层次分析法、因子分析法、模糊综合评价法等，从而形成本选题实证分析的一种范式。第三，将量化研究对各高校学生组织参与情况的评价结果与质性研究对各高校政策和制度模式的归纳相结合，验证理论研究部分提出的参与模式的最优性。第四，结合实证分析结论和中国大学中学生组织参与模式的发展现状，针对性地提出改进性的建议。

因此，本书拟从学生过渡到学生组织参与大学治理，基于大学治理理论，构建"意愿—能力—机制—模式"四维分析框架，通过质性分析与量化分析的研究范式，探寻学生组织参与大学治理的驱动因素、界定行为选择与事务范围、构建保障体系，然后针对大学治理中学生组织不同参与模式，设计出一套系统、完备的评价参与度的评估方法。再结合对国外大学治理中学生组织参与模式的比较和借鉴，建设性地提出"学校主导＋学生参与＋专家判断"的治理模式，为促进学生组织有效参与大学治理进行转型发展提供经验证据和中国方案。

第五节　核心概念界定

一、治理

"治理"是产生于管理学领域的一个概念。它的起源有许多种观点，有学者认为目前研究中所使用的"治理"概念最初来源于"公司治理"理论，即19世

纪 30 年代学界对企业所有权和经营权分离的探讨①。1975 年，威廉姆森提出的
"公司结构"概念是公司治理理论的一个重要组成部分②，它与治理结构有相似
性；1988 年科克伦和沃特克提出的"委托—代理"理论则成为公司治理的重要
基础③。20 世纪 90 年代以后，治理一词被广泛应用于政治、社会、经济、文化
教育等多个领域的研究与实践中，从而在内涵上实现了极大的丰富。1995 年，
全球治理学会重新界定了"治理"一词，该定义受到了比较广泛的认可：私人
的或公共的机构采用的各种管理共同事务方式的集合，通过"治理"过程，诉
求各异或存在利益冲突的各方得以调和并决定采取联合行动；治理的特征是作
为一个过程而存在，其基础是协调，它包含了公共部门与私人部门管理活动，
并代表了一种持续地互动。

二、大学治理

正是借鉴了公司治理中调动利益相关者参与公司管理的思想，一些教育学
研究者提出了大学治理的研究思路。本书认为，可以直接从教育领域的研究历
史中寻找到"治理"理念产生的源泉。1915 年，为了维护大学的学术自由和教
授发表言论的权利，约翰·霍普金斯大学教授阿瑟·洛夫乔伊等人发起成立了
美国大学教授协会（AAUP），目的是站在教授的立场上对抗董事会对大学人事
聘用等决策的影响，该组织提出并完善了"共同治理"思想，即教师和行政管
理者基于个人能力特点分管不同的学校事务④。这种思想与当前的治理理念密切
相关。1960 年，美国学者约翰·科森（John J. Corson）撰写的《大学与学院的
治理——结构与过程的现代化》被认为是美国高校民主化浪潮背景下第一份有
关"大学治理"的重要著作⑤。可见，教育界很早便使用了治理的理念。根据卡
耐基高等教育委员会 1973 年提出的定义，治理"不同于行政和管理，是一种做

① 金鑫：《我国独立学院法人治理结构研究》，华中科技大学博士学位论文，2011 年。
② 张群群：《交易费用、经济组织与治理机制——诺贝尔经济学奖得主奥利弗·威廉姆森的学术贡献和借鉴意义》，载《财贸经济》2010 年第 3 期。
③ 刘有贵、蒋年云：《委托代理理论述评》，载《学术界》2006 年第 1 期。
④ William O Brown Jr. Faculty Participation in University Governance and the Effects on University Performance. *Journal of Economic Behavior & Organization*，2010，44（2）：129 - 143.
⑤ John J. Corson. Governance：Interacting Roles of Faculty，Students and Administrators. American Association for Higher Education，the 26th National Conference on Higher Education，Chicago，Illinois，1971.

决策的结构和过程"①。

概括而言，治理是大学治理概念的泛化，大学治理是治理概念在教育领域的具体应用。首先从大学治理的理念上看，在对大学治理的众多界定中，最为广泛传播的一种是基于利益相关者理论界定的观点，即大学组织的利益相关者都可以为大学发展所用，都应该被允许通过合理的机制参与到大学建设中去；不同的主体应该通过协商、谈判等方式实现合作，促进共同利益的最大化。这种理念与共同治理的理念有很强的相似性。作为高等教育发展最先进的国家之一，美国的大学治理理念已经成为研究大学治理的一个参照，其特色的大学治理模式立足于"共同治理"的理念之上。美国的社会中有诸多来源广泛的利益相关者在试图影响大学章程和学校政策，它们包括基金机构、美国教育部、州教育部门、高等教育协会和教师、学生、校友、高层行政人员等。虽然在历史上美国的大学曾经把所有权力都交付给了董事会，但现在大学正越来越开放地接纳各种力量参与大学建设，而不是将它们当作破坏者进行屏蔽，从而逐渐形成了广受认同的共同治理理念。1966 年，AAUP 等机构颁布的《学院与大学治理的联合声明》中正式提出了"共同治理"理念：教师与行政管理部门承诺共同协作，根据特长和责任对管理权力进行分工；1990 年，再次对文件进行修改时，把学生参与治理加入其中，作为共同治理的重要组成部分。"共治"在实际应用上包含了两条原则：第一，真正的决策者是大学的高层管理者；第二，大学的决策结构需要对所有的意见平等对待。

在研究中，另外一种对大学治理的界定方法同样十分有用，即更侧重于从治理结构角度对大学治理进行界定，将大学治理分成"大学外部治理"和"大学内部治理"进行研究，这种界定方法在国内学者对大学治理的治理结构进行研究时比较流行。姜继为、韩强认为，大学治理的结构既要考察治理主体之间的相互关系，又要考察治理主体与外部力量之间的关系②。周光礼认为，大学内部治理结构的变革以宏观的外部治理体系的完善为前提，而外部治理的主要问题是处理好政府与大学的关系③。具体到重点考察的内部治理结构，顾海良认为大学的内部治理结构本质上是分配、制约大学内部利益相关者之间权利和利益

---

① Carey P. Student Engagement：Stakeholder Perspectives on Course Representation in University Governance. *Studies in Higher Education*，2013，38（9）：1290 - 1304.
② 姜继为、韩强：《高校治理结构研究》1 版，四川教育出版社 2009 年版，第 4 页。
③ 周光礼：《中国高等教育治理现代化：现状、问题与对策》，载《中国高教研究》2014 年第 9 期。

实现的制度、体制、机制①。时伟认为，大学内部治理结构的特征取决于大学的组织特性和各国的社会政治文化基础②。最后，需要指出的是治理理念和治理结构的视角存在明显的不同，前者更侧重于动态地考虑不同主体的行动和相互影响，后者更侧重于考虑组织形式、运行机制、制度规则等静态情况。因此，实现大学治理首先在理念上意味着大学应该从服从单一主体的威权统治管理中转变出来，更多接纳不同相关利益主体的参与意愿，良好地协调多样化的诉求，推动协商、合作，最终实现大学的良性发展。其次，从结构上，平衡好来自内部和外部的参与力量，在内部借助于成熟的组织、制度、流程等微观机制，让学生、教师等被管理者有序地参与民主管理，融入大学治理体系。

三、学生组织

　　组织是现代社会重要的构成要素，是人们出于一个共同目标，按照特定的规则和形式结合起来的群体。根据已有文献，本书认为，学生参与大学治理的方式包括直接参与、间接参与。间接参与是指学生将个人利益诉求通过学生组织等代表性机构进行表达，在实践操作中更具可行性和规范性。按照霍尔的定义，学生组织是一种"自发组织"，即学生个体自发参与组织，表达需要。陈莉认为大学管理者需要通过制订制度规范对学生组织活动表达默认、支持或反对等态度，从而对其发展方向进行选择和引导，使学生组织实现校园民主的绩效达到最大化③。祁占勇认为学生会是学生行使管理权力的重要形式④。吕丽莉认为在学生组织中，每一位学生获得组织和他人对自身身份、人格、尊严、情感、学业方面的认同。在组织内部，所有成员共同形成组织构建与运行原则⑤。孙芳等从现代大学治理中学生权力的局限出发，认为大学生是现代大学治理中的核心利益相关者，他们对于分享治理权力有着必然的要求，学生组织是学生分享

---

① 顾海良：《完善内部治理结构建设现代大学制度》，载《中国高等教育》2010 年第 Z3 期。
② 时伟：《大学内部治理结构改革的逻辑、动力与路径》，载《中国高教研究》2014 年第 11 期。
③ 陈莉：《中国大学生组织发展研究——结构文化主义视角》，华中科技大学博士学位论文，2007 年。
④ 祁占勇：《高等学校学生自治的权利边界与法律保障》，载《高等教育研究》2012 年第 3 期。
⑤ 吕丽莉：《高校学生组织的民主建设》，辽宁大学博士学位论文，2012 年。

权力的主要形式①。本书将研究的学生组织主要限定在服务于学生参与大学治理的学生组织。学生是学生组织形成的来源，学生组织是学生群体的集体性逻辑和集体行动的载体和外在表现，是个体理性与集体理性的结合。

四、现代大学制度

自 1990 年开始，国内高等教育领域的研究者普遍使用"现代大学制度"的概念，并对其内涵和特征开展研究。《国家中长期教育改革与发展规划纲要(2010~2020)》强调要完善中国特色的现代大学制度，完善大学治理结构，进一步为我国对现代大学的研究指明了方向。刘献君认为大学制度的"现代性"从根本上说是一种"适应性"，适应现代社会发展，适应现代大学所处的特定环境、特定时代②。张应强等人认为：现代大学制度主要包括两大方面：一是高等教育体制方面，涉及大学与政府、社会的关系和大学之间的关系；二是自身方面，涉及大学内部治理结构，主要是学术权力、行政权力的关系③。史静寰则认为现代大学制度应该包含三大基本部分：大学法律章程、大学使命宣言、大学治理结构④。我国在相关实践和研究中往往会以西方教育发达国家的大学作为现代大学建设的标杆和参照，并综合考虑本国的历史与国情。

五、校园民主管理

民主管理是我国基层治理制度的一个组成部分，同时是民主集中制的重要体现。在大学治理中，民主管理是推动多种利益主体参与到大学建设中来的一种主要方式。洪光磊等人将校园民主管理的内涵概括为两方面：学校成员的社会化和校园民主的制度化过程⑤。杜作润认为高校民主管理是在管理中采用民主

---

① 孙芳、王为正：《现代大学治理中的学生权力阈限、问题及对策——以阿尔都塞的劳动分工理论为视角》，载《中国高教研究》2014 年第 7 期。
② 刘献君：《现代大学制度建设的哲学思考》，载《中国高教研究》2011 年第 10 期。
③ 张应强、蒋华林：《关于中国特色现代大学制度的理论认识》，载《教育研究》2013 年第 11 期。
④ 史静寰：《现代大学制度建设需要"根""魂"及"骨架"》，载《中国高教研究》2014 年第 4 期。
⑤ 洪光磊、童忠益、王勉：《"校园民主建设"实践的回顾与总结》，载《当代青年研究》1987 年第 12 期。

的方法，就是允许、提倡和实行被领导者和被管理对象反身参与管理①。随着"参与式民主"与"协商民主"理论的发展，更多学者意识到学生在高校管理中能动的主体作用并开始把"学生参与管理"作为校园民主管理研究的重心。吴江认为学生组织参与校园民主管理指大学生积极主动地参与重要事务的管理，从大学正式组织中以主体身份分享一部分管理权力，承担管理责任②。韩保来指出，校园民主管理是为了保证学校管理活动的主体对学校管理事务在知情基础上进行充分参与，能够使参与主体对关系到切身利益的管理活动进行决策，发挥影响作用的一种制度形态③。陈小鸿等认为，高校民主管理是大学的师生员工、各民主管理群体和机构对高校的公共事务管理行使民主权利的制度和实践活动的总称④。有学者提出，校园民主管理应该依靠制度和文化建设来保障。校园民主管理的相关研究为学生组织参与大学治理的研究提供了参考。

第六节 研究框架

本节将对本书的研究思路、方法进行归纳，同时介绍相关的理论基础和实地调研情况，从而对本书的脉络与思想进行展示。

一、研究思路

按照主要研究问题的需要，本书将分为八章展开讨论，下面对除第八章结论以外的内容进行介绍：

第一章介绍了选题和研究过程。首先，阐述了选题背景，提出了主要研究

---

① 杜作润：《国外高校内部的民主管理——特征、案例及启示》，载《北京大学教育评论》2004年第1期。
② 吴江：《大学生参与校园民主管理现状与机制研究》，载《当代青年研究》2014年第6期。
③ 韩保来：《基础教育十面观》，载《社会科学论坛：学术评论卷》2007年第10期。
④ 陈小鸿、姚继斋：《论高校民主管理的内涵、特点及其实现途径》，载《浙江工业大学学报：社会科学版》2010年第1期。

问题；其次，梳理了国内外研究进展、界定了核心概念，在此基础上提出了研究思路、方法并简述了理论基础和实地调研的情况。

第二章研究了现代大学治理的理论发展和学生组织参与模式的理论基础。首先，从内涵和结构的维度总结了现代大学治理的理论体系；其次，对学生组织参与大学治理的适切性进行了分析；最后，建立了学生组织参与大学治理的理论分析框架。

第三章对学生组织参与大学治理的驱动因素进行实证研究。运用结构方程模型对湖北省 12 所高校的数据分析发现，治理制度是最关键的驱动因素，而学生组织形式的完善程度是治理制度的代表性变量；同时，学生组织的工作效率、对学生利益的代表程度分别是影响民主沟通程度、环境平等性的最重要变量。

第四章提出了中国特色的大学治理中的一种学生组织参与机制。从学生组织参与大学治理责任的演变、参与的行为选择和事务范围以及机制和保障体系三个方面对该模式进行分析。首先，归纳了学生组织的四个成长阶段；其次，建立了"学生参与选择模型"，将大学治理的 10 类事务划定成允许学生"最大限度参与"、"有限参与"、"不参与"三类并分别指定了不同的权利范畴。最后，从法律、大学章程、观念与文化角度探讨了相关保障体系，完成了参与模式的刻画。

第五章研究了学生组织参与状况的评估方法。第一种方法是构建指标体系对多个评价对象进行量化评估；运用该方法对武汉市 7 所高校开展了评估实践。第二种方法是对单个评价对象开展更深入的个案调查；运用该方法对某高校的学生组织、某地区高校的整体发展情况进行了评估。

第六章对大学治理中学生组织参与模式的国际经验进行了总结。主要以欧美国家为例，比较分析了美国大学治理中的学生评议会参与模式和欧洲大学治理中的学生组织参与模式，并总结了他们的特点。

第七章是学生组织参与大学治理面临的困境与成因。

第八章对学生组织参与大学治理的模式优化进行研究。提出了学生组织参与大学治理模式的内部机制转型，以及学生组织扁平化转型的作用与路径，为促进学生组织参与模式的发展提出了学生组织扁平化转型的解决方案。

二、研究方法

本书运用的主要方法可以分为质性分析方法和量化分析方法两类。首先对质性研究方法进行介绍。

第一，比较研究法。比较研究法是比较教育学研究的一种重要方法。运用比较研究法，一方面可以总结不同研究对象的共同特点、发展规律及趋势；另一方面可以探讨其各自经济、文化、政治等特征产生的影响。比较研究法在本书中有相当重要的作用。首先，对国外不同国家、地区的学校和不同历史发展轨迹下的教育体系分别进行对比，可以探寻西方先进教育大国建设现代大学的经验，并在经济、文化、政策、法规等方面寻找其成功的缘由或遭受挫折的原因。其次，对国内外大学的管理体制、理念、模式和学生组织参与大学治理的情况进行对比，有助于准确把握历史、文化等宏观因素的影响、中国高等教育的特色发展特征以及我国大学建设的不足与努力的方向。最后，对国内不同层次、地区的大学进行对比，有助于更好地观察不同大学政策、决策模式和学生组织参与模式下各大学的大学治理发展情况、学生感受等，更好地为寻找学生组织参与的较优模式、发展模式提供资料。除了在上述三方面能起到很大作用以外，比较研究法还可以与案例研究法相结合，帮助其得到更加丰富的结论。

第二，案例研究法。案例研究法是社会调查中常用的一个方法，也可以在理论研究中被用来对某一典型对象进行分析。案例研究法一般包含四个步骤：选择案例、收集资料、分析资料，最终形成报告。该方法是本书主要采用的一种研究方法，首先，从国内外学生组织参与大学治理的发展历程中选取数个组织、事件、文件作为案例，分析几种重要的参与模式形成的原因和具备的特征。其次，从当下我国大学实践中选出典型案例，分析其获得的成就与出现的问题，为勾画理想参与模式提供材料。最后，对调查问卷中的量表数据进行分析可以得到每个高校的评分，运用案例分析的方法有助于解释不同学校评分出现差异的原因。

第三，分类研究法。在对大量研究对象进行研究时，根据一定的标准和研究对象的属性进行分类有助于获得更加清晰的结论，减少均质化研究中信息的浪费。不论从全球来看，还是从国内范围看，学生组织参与大学治理都是一个比较普遍的现象，但是各地各大学的参与模式是不同的，发展程度上也有很大差异，在进行广域研究时，要分别从各种模式所属的发展阶段和自身特征等角度进行分类研究。另外，还会设计一些标准对大学治理中涉及的事务范围、权利范畴进行分类，从而锁定学生组织参与的领域；在学生与学校其他群体、学生组织与学校原有管理机构的关系上、"参与模式"研究的问题分解上等都会用到分类研究的方法。

第四，实地调研法。实地调研法是问卷调查法、访谈法、观察法等方法的统称，指的是对某种社会现象在一定地域范围内进行调查、观察、纪录、收集大量资料以用于分析的一类方法。通过实地调研，本书共收集到了 2 942 份有效调查问卷，每份问卷包含有"26 个变量的里克特量表"、"25 道选择题"、"2 道主观题"，同时召开了两次座谈会进行集中访谈，对 15 人进行一对一访谈，从而收集了大量可供研究使用的一手资料。此外，实地调研法还加深了研究者对研究对象的认识，有助于找到新的研究切入点和建立倾向鲜明的论点。

相比于定性研究方法，定量研究往往把研究的精确程度向前推进了一大步，同时能得到更加丰富的研究结论。此类方法需要从数据收集阶段就设计好"测定尺度"，把研究对象的一些特征转化为量的属性，从而可以通过寻找数量规律反映研究对象难以由直接观察得到的一些性质。本书实地调研收集到的数据中很大一部分是结构化数据，针对不同的数据结构利用多样化的统计分析方法可以得到一些有意义的结论。具体来说，主要利用了四种统计方法。

第一，层次分析法。层次分析法的要点是构建转移评价矩阵，需要富有经验的研究者比较不同指标间的相对重要性程度；本书主要用该方法对武汉市 7 所学校中的学生组织参与大学治理的总体水平进行评估。

第二，因子分析法。因子分析法可以将多个指标化简为少数几个指标，有助于更加清晰地认识最终结论的影响因素。

第三，模糊综合评价法。该方法把定性评价转化为对受到多种因素制约的对象的总体定量评价。通过评估不同影响因素的发展水平，结合客观评价指标采集的数据可以对样本大学的情况进行翔实的分析，提出针对性建议。

第四，结构方程模型。结构方程模型可以用来验证潜变量间的因果关系和观测变量与潜变量的一致性程度。本书采用这一模型来确定是什么因素对学生组织参与效果的影响程度最大，有助于明确大学治理的发展路径。

第七节　可能的创新与不足

　　基于研究思路和方法的展示，本书致力于在研究视角、研究方法、研究内容等方面有所创新，但受限于研究视野的局限和研究层次的浅薄，在理论、资源、方法等方面还存在诸多不足之处。

一、可能的研究创新

　　一是理论视角的创新。已有研究大多从参与大学治理的学生这一基本元主体出发展开研究，而忽视了大学治理体系建设中学生组织代表学生参与大学治理在组织、渠道、机制等各方面的优势及其治理效能。首先，从视角和逻辑上看，本书尝试搭建"意愿—能力—机制—模式"的逻辑关系和分析框架。构建该框架，主要考虑到作为个体理性与集体理性结合的学生组织，本身就包含着个体和组织的意愿，这也构成了学生组织参与大学治理的逻辑前提和基础。其次，在意愿分析的基础上，本书客观评估了学生组织参与大学治理的能力和所处阶段，同时，参与意愿和参与能力的塑造，一方面取决于学生个体和学生组织自发的"学习基础"和"干中学"能力；另一方面，与学生组织所处的环境密切相关。因此，进一步在意愿和能力基础上，进一步讨论了学生组织参与大学治理的所依托的制度环境和实现机制。最后，基于国内外学生组织参与大学治理的实践模式，结合典型调查素材，我们进一步提炼出实现意愿和能力激励约束兼容，机制顺畅的中国式学生组织参与大学治理的基本模式。因此，本书将研究主体从学生过渡到学生组织，研究其参与大学治理，更有利于推动现代大学治理体系建设。

　　二是研究方法的创新。与利用质性研究方法研究大学治理主题的已有研究不同，本书基于"意愿—能力—机制—模式"构建思维分析框架，通过质性与量化分析相结合的研究范式，探寻驱动因素、界定行为选择与事务范围、构建保障体系，有利于精准提升现代大学治理能力、识别能力建设路径。具体说来，我们综合运用合意的方法，在借鉴传统质性分析范式的基础上，进一步引入实证分析范式，通过自主调查研究获取的数据，设计研究方案和实证分析框架，尽可能满足研究主题和内容需要。

三是研究内容的创新。双一流建设背景下，人才培养质量是学科建设评估的核心内容，本书尝试将学生组织这一连接大学管理者、教职工和学生的桥梁纳入评估体系，设计出一套学生组织参与大学治理的评估方法，并在实践运用中日臻完善，有利于丰富"双一流"建设的评价来源与评价体系，把握住学科建设"以学生为中心"的牛鼻子。对此，本书不仅系统论证了学生组织参与大学治理的逻辑、激励、机制和模式，而且更为重要的是，进一步在创新应用、模式建构和政策启示上，结合中国正在进行的双一流建设及其评估指标体系，创新性地提出和论证了以"学生为中心"的大学治理转型，而本书恰恰为这种模式的转型提供了理论依据和经验素材。

四是研究结论的创新。本书在系统梳理国内外大学治理发展趋势，集聚比较不同学生组织参与模式，建设性提出"学校主导＋学生参与＋专家判断"的治理模式，有利于将"中国特色"上升为"中国方案"，为"四个自信"提供实践案例。

二、研究的不足之处

受研究选题特殊性的影响和研究条件的约束，本书难免存在一些不足之处：在理论深度方面，大学治理理论是本书研究的理论基础，但对与大学治理理论高度相关的治理理论与现代大学制度的认识还不够全面。在研究样本方面，主要在高校云集的湖北省展开实地调研来获取研究样本，虽然具有一定代表性，但存在地域局限性、样本结构单一性等问题，不足以全面反映全国不同地区高校内部治理的差异特征。在研究方法方面，未能长期持续跟踪调查，对参与主体动态互动的过程研究不足。在研究结论方面，尚有诸多不成熟之处，仍要在实践中检验完善。

第二章
大学治理及学生组织参与模式的基本理论分析

第二章从现代大学治理的内涵和结构等角度进行理论研究，在此基础上，针对学生组织与现代大学治理之间的联系对学生组织参与大学治理的必要性与角色定位进行分析。然后，以现代大学治理理论、利益相关者理论和参与管理理论为基础，构建学生组织参与大学治理的理论分析框架。

第一节　大学治理的内涵和结构

一、大学治理的内涵

理解现代大学治理的内涵，首先要明确大学治理的含义。国内外学术界主要从大学治理的治理理念、治理结构和治理制度三个方面建构了大学治理理论，提出了丰富的观点。

从治理理念角度理解大学治理的界定方式早已有之。阿里莫托（Arimoto）比较早地从利益相关者的角度指出，大学治理的内涵涉及了多种多样的利益相关者群体及其发挥影响力的能力和对大学的重要性与价值[①]。洛奇（Ratsoy）认为共享权利和责任相互依存的理念对于有效的大学治理至关重要：传统大学管理中的决策权被认为主要掌控在行政人员手中，然而大学事务的多样化和复杂性本身就决定了行政人员、教师、学生和后勤人员需要相互依存[②]。斯塔克（Shattock）指出大学治理是现代社会的一个重要特征，是一种"共同治理"的理念，包含治理的主体、参与的方式、不同群体的关系和各自肩负的责任等内容[③]。梅农（Menon）认为大学治理实则是一种协商过程，并强调了这种协商过

---

① Arimoto A. University Reforms and Academic Governance：Reports of the 2000 Three – Nation Workshop on Academic Governance（No. 7）. Research Institute for Higher Education，Hiroshima University，2011.
② Ratsoy E W，Bing Z. Student participation in university governance. *The Canadian Journal of Higher Education*，1999，29（1）：1 – 6.
③ Shattock M. Re – Balancing Modern Concepts of University Governance. *Higher Education Quarterly*，2002，56（3）：235 – 244.

程中的学生参与，尤其是参与高层次决策事务，比如高校目标和使命的制定等①。英国学者鲍勃·杰瑟普（Bob Jessop）认为，与政府失败、市场失灵类似，当参与治理的各种力量达成一致时，意见分歧会使治理失败；他把治理当作一个动态可预测而不可控制的过程，而将对治理的机制、形式或权力作出宏观安排和修正的过程称为"元治理"②。可见不论是公共治理、公司治理还是大学治理，尽管使用的领域不同，但就其本质而言存在一致性，即它们均强调了多元参与、协商共治的治理理念。

李福华等从治理理念的角度分析和总结了大学治理理论的四个立论基础，他们认为按照大学理念立论，大学治理应该强调大学自治、教授治校和学术自由；按照利益相关者理论，大学治理应接纳利益相关群体参与共同治理；按照委托代理理论，大学治理应该重视形成有效的制衡机制；按照管家理论，大学应该创建一种授权管理和参与管理相结合的环境，在最大程度上发挥出管理者的潜能③。该观点站在一定的理论依据上界定了大学治理应具备的四个特征，从比较具体的层面介绍了大学治理的形态，具有一定的参考价值。王洪才对"大学治理"的概念和"大学管理"的理念进行了辨析，指出大学治理是大学管理更高级的发展阶段，是大学内部达到和谐有效的自我管理的状态；这个过程强调大学主体创造性能力的激发，他将大学治理的这种内在逻辑总结为大学自治④。龚怡祖认为，大学在适应复杂的现代社会环境时需要依赖于一种治理结构来重建大学内外部的力量平衡，使大学的内在逻辑与现代社会性质相契合⑤。邓小华将原湖南师范大学校长张楚廷所提倡的大学内部治理理念概括为"学为本、师为重、自由为贵、官为轻"这13字，同时认为学生的自由权保障和教师的自由学术是大学内部治理的根本价值追求⑥。杨朔镔则从治理理念的角度进行了阐述：大学治理是大学为实现自身在教学、科研、社会服务等方面的目标运用责

① Menon M E. Student involvement in university governance: A need for negotiated educational aims? *Tertiary Education and Management*, 2003, 9 (3): 233–246.
② Jessop B. *The Future of the Capitalist State*, Cambridge: Polity Press, 2002 (7): 242–243.
③ 李福华、尹增刚：《论大学治理的理论基础——国际视野中的多学科观点》，载《比较教育研究》2007年第9期。
④ 王洪才：《大学治理的内在逻辑与模式选择》，载《高等教育研究》2012年第9期。
⑤ 龚怡祖：《大学治理结构：建立大学变化中的力量平衡》，载《高等教育研究》2010年第12期。
⑥ 邓小华：《张楚廷大学内部治理理念述要》，载《重庆高教研究》2015年第1期。

任分担、利益分享、权力分割等方式充分调动大学的利益相关者的过程①。这个定义比较全面地将大学治理的目标、手段和途径综合到了一起。

学者们对大学治理的早期认识侧重于治理的结构维度。第一本研究大学治理的专著是 1960 年约翰·科森（John J. Corson）主编的《学院与大学治理——结构与过程的现代化》，该书分析了大学、学院组织和其他社会组织的差异，认为大学呈现出两种不同的结构：一种是校长到部门负责人到院系负责人的直线式等级结构，另一种是教师团体、全体教师大会、学术委员会等的扁平结构；前一种结构的管理中运用科层制进行控制，后一种结构中则不再是科层制发挥作用②。1973 年，美国卡耐基教育委员会将大学治理定义为"一种区别于行政管理的作决策的结构和过程"，从而强调了大学治理的创新性和变革性③。反观盖尔（Gayle）2011 年对大学治理的界定，实际上是对该定义的一种细化，他认为大学治理是指对大学内外部利益相关者较为重要的事务上的权利结构和决策过程④。在一定程度上说明学界对大学治理的理解是一脉相承的。我国学界对大学治理一词较早的界定出现在 2004 年张维迎的《大学的逻辑》一书中。张维迎指出，大学治理就是治理结构，是通过有效的一整套的制度安排来实现大学目标的治理结构⑤。虽然他赞成从治理结构角度进行界定，但这种定义其实更强调了具体的制度安排在促进大学治理中的重要作用。上述定义认为大学治理代表了一种权力结构和决策过程，但同时在理念上也强调了利益相关者具有参与权力的思想。从大学内部和外部治理展开的研究较多，比如郭卉提出大学外部治理研究的基本逻辑是要从治理理论出发、以多元民主参与为价值指南构建一个大学、政府与社会协同参与、平等沟通的模式⑥。周湖勇提出大学内部治理的一个关键环节是权利保障，需要对权力主体进行有效制约；除侧重指出制度的重要

① 杨朔镔：《利益相关者治理模式下的大学外部治理结构变革——以"U—G—S"为例》，载《黑龙江高教研究》2014 年第 6 期。
② John·J·Corson. Governance：Interacting Roles of Faculty, Students and Administrators. American Association for Higher Education, the 26th National Conference on Higher Education, Chicago, Illinois, 1971.
③ Carey P. Student Engagement：Stakeholder Perspectives on Course Representation in University Governance. *Studies in Higher Education*, 2013, 38 (9)：1290 – 1304.
④ Gayle D J, Tewarie B, White J A Q. Governance in the Twenty-first-century university：Approaches to effective leadership and strategic management：ASHE – ERIC Higher Education Report (Vol. 14). John Wiley & Sons, 2011.
⑤ 张维迎：《大学的逻辑》，北京大学出版社 2005 年版，第 13 页。
⑥ 郭卉：《权利诉求与大学治理——中国大学教师利益表达的制度运作》，华中科技大学博士学位论文，2006 年。

作用之外，他还认为我国大学设立的大学章程在制定过程上和内容上都还需改进[1]。宣勇等认为校长是我国大学内部治理结构和外部治理结构共同的关键节点[2]。上述观点都丰富和发展了大学治理理论体系。

此外，朱家德认为提高大学治理的有效途径是改革政府与大学之间的外部治理结构，争取更多的办学自主权[3]。王亚杰认为，落实大学自主、独立、依法办学的主体地位是建立中国特色现代大学治理体系的前提，而重点在于完善"党委领导、校长负责、教授治学、民主管理"为核心思想的现代大学制度[4]。刘鸿认为美国研究型大学成功的主要因素之一就是"共同治理"的模式[5]。

综合来看，国内外学术界主要从大学治理的治理理念、治理结构和治理制度三个方面建构了大学治理理论，提出了丰富的、具有创新性的观点。首先，从治理理念上看，大学治理强调了原有的管理需要接纳校内外的利益相关者，包括普通教职工和学生、外部的社会力量，参与到有关大学发展建设的决策中来，使之成为现代大学建设的推动者、建言者、贡献者，而不是跟随者、旁观者、反抗者[6]。其次，从治理结构上看，大学治理是分权而不是集权，要在不同的权力主体间形成制衡的权力结构，使之在责任分担、利益分享、权力分割的原则下采取协商、谈判、合作的方式达成一致，共同促进整体利益。最后，从治理制度上看，大学治理的实现必须从内外部的制度改革入手，重点在于完善"党委领导、校长负责、教授治学、民主管理"的现代大学制度。

二、大学治理的结构

大学治理是一个内涵丰富的概念，向外继续扩展有元治理、社会网络治理等概念，向内分化有大学治理理念、大学治理结构等概念。在大学的运行过程

---

① 周湖勇：《大学治理中的程序正义》，载《高等教育研究》2015 年第 1 期。
② 宣勇、钟伟军：《论我国大学治理能力现代化进程中的校长管理专业化》，载《高等教育研究》2014 年第 8 期。
③ 朱家德：《大学有效治理：西方经验及其启示》，载《高等教育研究》2013 年第 6 期。
④ 王亚杰：《美国大学治理对中国特色现代大学治理体系建设的启示》，载《中国高教研究》2014 年第 9 期。
⑤ 刘鸿：《美国研究型大学"共治"模式的"恒"与"变"》，载《高等教育研究》2013 年第 11 期。
⑥ Savis Gohari, Terje Holsen. Understanding the Governance System in the Campus Development: the Cases of Norwegian University of Life Sciences and Norwegian University of Science and Technology. *Procedia Engineering*, 2016 (161): 2115 −2120.

中，大学与外部的政府、社会按照一定的法则彼此协调，大学内部的学生、教师、行政管理人员按照一定的原则相互合作，这些原则以及他们的相对位置、沟通机制等构成了大学的治理结构。大学治理结构的内核是治理理念，外化为治理制度。一方面，不同的治理理念体现为不同的价值取向，继而形成不同的治理结构，中国特色现代大学治理理念既要从民主集中制、协商民主理念中汲取营养，又要从社会主义核心价值观和优秀传统文化中汲取营养①。另一方面，大学治理结构的实现要借助于一系列制度安排，"党委领导下的校长负责制"、"教师代表大会制度"、"学术委员会制度"、"学生代表大会制度"等是治理制度落地生根的主干，不断扩大微观层面的制度供给才能让大学治理发芽、开花、结果。

　　大学治理结构可以从内部治理和外部治理两个角度进行认识，学生组织参与大学治理是内部治理框架下的选题。大学外部治理讨论的是大学与政府、社会的关系，因而往往把大学视为一个单独的整体，不涉及对大学内部学生等群体的讨论。盛冰指出大学外部治理中的政府角色错配限制了社会力量参与，阻碍资源的有效配置，降低了公共产品的治理，因此行政力量过度干预在大学治理过程中其实起到的是负面作用②。我国推动大学外部治理发展的核心是逐渐落实大学办学自主权和加强借助社会力量参与，而大学的自主办学权则构成了大学内部治理发展的前提。只有在大学可以按照自身的意愿规划发展路径、进行资源配置时，讨论大学决策形成机制和资源配置方式才有现实意义；如果大学没有任何自主权，只能听令于教育主管部门，就没有必要讨论大学内部治理。经过近40年的改革开放和高等教育体制改革，大学在经费使用、招生与教学、科研政策、学生管理等方面都拥有较大自主权，但是大学内部的管理体制依然没有从根本上改变，现代大学的内部治理结构尚未完全建立起来。对于我国大学内部治理的未来发展，学界比较普遍认同的看法是支持多元利益主体共同参与到大学事务决策之中，实现权力共享；进一步改变传统体制行政权力自上而下的科层制管理，引导学生和教师参与大学治理过程，形成自上而下授权管理和自下而上主动建构的双向互动过程③。

---

① Xiuhan Li，Guodong Zhao. Democratic Involvement in Higher Education：A Study of Chinese Student E-participation in University Governance. *Higher Education Policy*，2020，33（4）：65-87.
② 盛冰：《高等教育的治理：重构政府、高校、社会之间的关系》，载《高等教育研究》2003年第2期。
③ 左崇良、胡劲松：《大学治理的法理证成》，载《高等教育研究》2013年第12期。

大学治理内部结构作为现代大学制度的核心始终是国内外学者关注的焦点，也逐渐成为国内大学推动自身改革首要考虑的问题。大学内部治理主要处理的是大学内的不同事务之间和教师、学生、管理者等利益主体间的关系。从管理机构的设置上可以进一步看出当前我国大学内部治理结构的特点：

（1）领导机构。《中华人民共和国高等教育法》第39条规定，中国共产党高等学校基层委员会统一领导学校的工作，支持校长独立负责地行使职权，即在国家举办的高等学校中实行"党委领导下的校长负责制"。《高等教育法》对党委的具体职能进行了规定：第一，执行党的路线、方针、政策，坚持社会主义办学方向；第二，领导思想政治和德育工作；第三，讨论学校机构设置及其负责人人选；第四，决定学校发展、改革与基本管理制度的重大事项等。这种领导体制把握了我国大学发展的政治方向，保障高校的人才培养符合社会主义建设的需要，对于维护国家利益有重要意义。

（2）执行机构。大学的执行机构主要由校长与校内各级职能部门共同组成。校长一般由上级教育主管部门或党委任命，在校党委领导下负责全校教学、科研及其他行政管理等工作。《高等教育法》也对校长职权作出了明确规定：一是拟定学校的发展规划、具体制度和工作计划并组织实施；二是组织教学、科研与思想品德教育活动；三是拟定组织机构设置方案并依职权任免其负责人，推荐副校长人选；四是负责学生的奖惩、学籍管理以及教师及其他内部工作人员的聘任与解聘；五是年度预算方案的拟定与执行，学校资产管理和学校合法利益的维护，以及章程规定的其他职权。校内的各级职能部门在校长的指挥之下负责具体的执行工作。

（3）监督机构。大学内部的监督机构主要包括"教职工代表大会"、"学生代表大会"、"学术委员会"与"校务委员会"。其中教师代表大会由《高等教育法》赋予了保障教职工参与民主管理和监督的权利。在2016年6月1日开始施行的新修订的《高等教育法》中，学术委员会被明确要求在校内学术事务决策承担更大的责任。校务委员会的主要职能是帮助校长进行校务决策，组成成员由学校领导任命，包括管理人员代表、教师代表，有时也包括学生代表。学生代表大会的主要职能是维护学生的合法权益和民主权利，是代表学生参与民主管理的执行机构。

（4）校院系三级管理机制。我国大学在校院系分别设立了行政管理机构，校级行政管理部门完成校长交办的工作，而在学院内，书记、院长、各系主任负责全院教学与行政事务决策。在这种机制下，学院成为了学校在基层设立的集学生管理、教学事务、学术科研于一体的综合性管理机构，学校成为全校性政策、方针、规划的决策中心，对各学院进行统筹管理。系是隶属于学院的任务执行机构，按照学校和学院的指令履行管理本系教学、科研等工作的责任。我国大学的管理体制是一种典型的科层制管理模式，同时行政权力从国家到教学系层层授予。图 2-1 刻画了各组织机构的隶属关系。

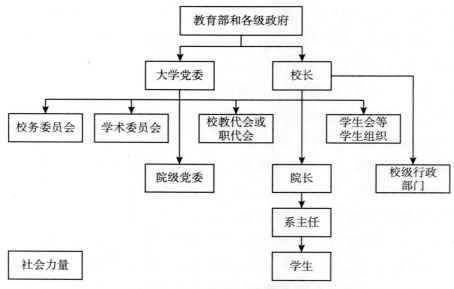

图 2-1　我国大学的管理体制

西方大学的内部治理结构在历史长河中经历过多种模式的演变，不同治理模式对学生角色有不同定位。1983 年美国学者克拉克（Clark）对大学内部治理结构进行了较完整地归类①。他在著作《高等教育体系：跨国学术组织》一书中将大学治理结构分为学术寡头式治理、国家管理式治理和市场合作式治理三种结构。这种分类方式被后来的学者不断加以修改完善。后来，莱卡（Lenka

---

① Clark B R. *The higher education system: Academic organization in cross-national perspective.* Berkeley, CA: University of California Press, 1983.

Minksova）和派特（Petr Pabian）[①] 在欧森（Olsen）[②] 的研究基础上推动达成了阶段性共识，将大学内部治理的结构安排分为以下四种：

（1）学术寡头式治理模式（academic oligarchy）。源自德国洪堡经典模式，Clark 将其描述为，以学术影响深厚的资深正教授为核心治理主体的模式。此模式下，学生被定位为被治理者，不直接参与内部治理[③]。

（2）国家官僚式治理模式（state bureaucracy）。在这种模式下，高等教育往往被理解为"国家政治工具"，其存在的重要目的是为实现国家的特定政治目标，大学领导通常通过外力指定产生而非内部选举。特罗认为这种模式经常出现在高等教育大众化阶段，因为大学在这个阶段被赋予了除"求真"外其他多个社会使命[④]。此模式下，学生被定位为被治理者，不直接参与内部治理。

（3）民主代表式治理模式（representative democracy）。这种模式强调正式的民主决策程序，如公开选举、联盟建立、谈判以及意见集中等。特罗认为民主管理式治理模式与大学的普及跟高等教育逐步大众化关系紧密。高等教育大众化改变了大学与民众的关系，越来越多的公众因为有接受高等教育的需求而对大学事务日益关注。民主管理式治理模式则从决策结构的层面缓冲了公众对少数学术精英控制大学局面的不满。高等教育大众化进程使得学生成为大学众多利益相关者之一，开始正式进入治理决策结构[⑤]。

（4）市场导向式治理模式（market enterprise）。这种模式下，大学被视为受市场竞争机制激励的教育服务提供者，因而，大学内部治理结构往往是企业治理结构的模仿：政府将大量权力下放给大学，大学内部决策结构则将大量权力下放给执行机构。奥尔森指出，政府则通过目标管理、结果管理等手段对大学规模、质量、效率等进行宏观调控[⑥]。在市场导向式治理模式下，学术人员和学生被分别定位为教育生产的雇员与消费者，由于学生对教育产品的生产过程与产品质量均有重要发言权，因此他们通常被纳入决策结构、成为治理者之一。

以上划分是纯理论式的，在具体的实践中大学治理模式往往是多种模式的

① Minksova L, Pabian P. Approaching students in higher education governance：Introduction to the special issue. *Tertiary Education and Management*，2011（3）：183-189.
② Olsen J P. *European integration and university dynamics*. Dordrecht：Springer，2007.
③ Clark B R. *The higher education system：Academic organization in cross-national perspective*. Berkeley，CA：University of California Press，1983.
④⑤ Trow M. *Problems in the transition from elite to mass higher education*. Berkeley，CA：Carnegie Commission on Higher Education，1973.
⑥ Olsen J P. *European integration and university dynamics*. Dordrecht：Springer，2007.

综合，"纯粹"模式很少出现。即使在看起来以民主管理式治理为内部结构主流的当代，各国大学受其外部政治、社会、经济、传统等多种环境因素影响，在具体核心本质上仍有较大差别。譬如就欧洲而言，学术精英的力量在有着悠久洪堡传统的欧洲中、北部国家（挪威、德国）仍不可小觑；意大利和葡萄牙的国家官僚对大学内部事务始终具有主导性话语权；而英国则是所有欧洲国家中最接近市场模式的。按照上述划分，历史上，我国的大学治理模式在一定程度上与国家官僚式治理模式相似，目前政府采取逐步放开高校办学自主权的措施，在外部治理结构中引入社会力量参与办学、在内部治理结构中鼓励利益相关者群体发挥作用，引导高校向市场导向式治理模式转型。

第二节　学生组织参与大学治理的适切性

一、学生组织参与大学治理的必要性

学生是大学里最主要、最具创新活力和思想灵活性的组成群体，因而在中国特色的大学治理模式中应当作为主要的参与者受到重视。一方面，长久以来，大学都是为社会提供高层次人才、延续民族文化的重要领地，各国在建设现代大学的过程中无一不把提高学生教育质量作为首要任务。另一方面，学生是学校设施、服务最主要的使用者，大学事务的决策对他们影响最大，也尤其受到学生的关心，面对他们参与学校建设发展的要求宜疏不宜堵。由于正处于青年思想活跃时期的大学生，其世界观、人生观、价值观尚未定型，建立合适的渠道、采用妥善的方法引导学生合理表达诉求同样十分重要。这意味着需要在将学生群体纳入大学治理时建立完善的制度保障机制。

学生是学生组织形成的来源，学生组织是学生群体的集体性逻辑和集体行动的载体和外在表现，是个体理性与集体理性的结合。学生组织应当参与大学

治理的观点受到了美国学者的广泛认可。在美国，学生参与大学治理素有传统。究其根源，普遍烙印在全体国民意识中的"民主"与"权利"的思想不可忽视。正如纽曼在《大学的理想》中所主张的："既然所有政府的合法权利都来自被统治者的同意，那么所有与学生有重要关系的决策都应该征求学生意见"①。很多美国学者从时代发展的内在要求出发，以不同的视角阐述学生组织参与治理的合理性和合法性。布鲁贝克在《高等教育哲学》一书中指出："明智的分享权力并不等于削弱其权力，反而可以多出成果"。如果学生的意见能得到充分反映，则大学管理者之意图也能获得他们的理解，从而可以达到上下协调一致、提升大学管理绩效的最佳目的②。克里斯认为，从决策的透明度来看，学生组织参与大学治理的影响在于增强了学校对学生的责任感与学校决策的科学性，且有利于实现组织学习；从学生组织视角来看，参与大学治理可以为其提供大量的学习机会，根据参与质量与水平的不同，将一定程度上对学生的个体技能产生有益的影响，提高领导力、团队合作力及批判思维能力③。胡克·希尔勒也认为，如果学生在课程的计划、实施与评价方面享有与教师平等的权利，他们就很有可能成功地提高他们自己的学位质量④。美国学者罗索夫斯基按照重要性程度不同，把大学利益相关者划分为四个层次，分别为"最重要群体"、"重要群体"、"部分拥有者"和"次要群体"；其中，学生、教师和行政主管处于第一个层次，是大学最重要的利益群体⑤。所以，学生组织参与大学治理不仅具有合理性，同时可以产生教育价值和绩效作用。

　　欧洲的相关研究中同样支持了学生组织参与大学治理的观点。欧洲委员会教育部主管伯根（Sjur Bergan）在《作为公共福利的高等教育》一书中对学生参与高等教育治理进行了理论探讨。他认为大学的理念应是把学生作为参与者而不是最终产品的接受者或购买者，他们对高校的发展富有责任⑥。伯根在《高等教育机构中学生参与》一书中则说明了学生是高等教育中最大的利益相关者⑦。另外的欧洲两位学者贝特森（Rositsa Bateson）和泰勒（John Taylor）以实

---

① John Henry Newman：The Idea of a University. *The Review of English Studies*（*New Series*），1977，28（112）：486-488.
② 布鲁贝克：《高等教育哲学》，王承绪译，浙江教育出版社2001年版，第41页。
③ 皮尤：《组织管理学名家思想荟萃》，唐亮译，中国社会科学出版社1989年版，第209页。
④ 霍尔：《组织：结构、过程及结果》，张友星译，上海财经大学出版社2003年版，第146页。
⑤ 罗索夫斯基：《美国校园文化——学生教授管理》，谢宗仙等译，济南人民出版社1996年版。
⑥ Bergan S. The University as Res Publica. 1th ed. Europe：Council of Europe Higher Education Series，2004.
⑦ Bergan S. Students Participation in Higher Education Governance，2010.

证方法评估了中东欧大学中的学生参与状况，对学生作为大众治理主体参与的有效性给予了关注和研究[1]。荷兰学者马森（Peter Maassen）开展了类似的研究[2]。另外，雷梅斯特（Cathy Rytmeister）和马修（Stephen Marshall）对澳大利亚大学进行研究后发现，治理主体在政治环境中如何理解和执行自身角色在很大程度上决定了大学治理的效率[3]。2011年，欧洲大学生联合会（ESU）在匈牙利布达佩斯发表了第二十一次欧洲学生公约《治理与学生参与》，倡议全欧学生全面、全过程地参与高等教育治理。

二、学生组织参与大学治理的角色定位

党委领导下的校长负责制是学生组织参与中国大学治理的前提环境。在此之下，学生群体一般需要借助于学生组织在内部推举代表性人物或形成代表性意见，从而加强与学校高层的联系，并对学校决策产生影响。其中，推选学生代表组成学生组织参与校务决策的方式是民主集中制在学生参与大学治理中的体现。学生代表可以通过融入现有决策机制的形式代表学生发声，比如参加校务会或者监督学校履行大学章程及其他校内制度的情况、为学校发展建言献策等；综合形成代表意见的方式有赖于一个服务型的学生组织收集、处理普通学生的意见，充当学校与学生沟通的桥梁和缓冲器。另外，学生组织直接参与管理或负责管理某项学生事务在现在的大学中比较普遍。目前大学治理中的相关组织有很多种，比如行政组织、学术组织和学生组织等均有各自不同的职权范围，良好的治理结构必须在保证它们各司其职的同时兼顾内外部治理两个方面。只有在外部处理好政府、社会与大学间的关系，在内部协调好学术权力与行政权力、党委领导和校长负责、学校权力和院系权力的关系以及学生、教师、行政管理人员的诉求，才能实现"善治"。

共同目标是决定组织存在和发展的关键因素，所以专门服务于大学治理的

---

① Bateson R, Taylor J. Student Involvement in University Life – Beyond Political Activism and University Governance: a view from Central and Eastern Europe, *European Journal of Education*, 2004, 39 (4): 101 – 120.

② Maassen P. The Changing Roles of Stakehlders in Dutch University Governance, *European Journal of Education*, 2000, 35 (4): 31 – 38.

③ Rytmeister C, Marshall S. Studying Political Tensions in University Governance: A Focus onBoard Member Constructions of Role. *Tertiary Education and Management*, 2007, 13 (4): 281 – 294.

学生组织与其他类型的学生组织存在着一定的差异。爱桑尼（Amitai Etzioni）[1]、肯尼斯（Kenneth Ewart Boulding)[2]、霍尔[3]等学者的研究发现，组织目标是决定组织结构、运行方式和延续性的最重要因素。由于专门服务于大学治理的学生组织的目标是推动实现学生作为独立的利益群体真正在大学治理中发挥明显作用，该行动目标决定了这类学生组织具有一定的价值观、结构与运行机制特征。比如，这类学生组织一端联系的是最广大的普通学生，另一端为学校的决策机构，它既需要收集大量信息，同时又需要具备高效的信息筛选与处理能力。

虽然高校中的大部分学生组织都带有自我管理的性质，但本书的"学生组织"特指专门服务于学生参与大学治理的学生组织或现有学生组织中明显与校园事务决策相关的部分，将这些"功能性"学生组织称为"参与大学治理的学生组织"。这部分学生组织在承担"桥梁"功能的过程中需要建立与普通学生组织不同的架构。在传统学生组织中上传下达、组织活动是重要职能，则形成了层层管理的制度，而在参与大学治理的学生组织中则应该采取更加扁平化的模式，从而保障学生与学生干部的平等交流、提高信息收集和处理的效率、实现与学校决策结构的顺畅沟通。除了作为学生参与的载体外，有一些参与大学治理的学生组织还直接代表学生行使权力，比如学生代表大会、校长助理机制等，由推选出的学生精英代表学生参与大学治理，承担新型职能同样需要从传统的学生组织形象、组织结构中完成转型。

第三节　学生组织参与大学治理的理论基础

一、利益相关者理论

1965 年，战略管理学创始人伊戈尔·安索夫将"利益相关者"概念引入管

---

① Etzioni A. *Modern organizations*. Englewood Cliffs, N. J：Prentice－Hall，1964，209.
② 皮尤：《组织管理学名家思想荟萃》，唐亮译，中国社会科学出版社 1989 年版，第 209 页。
③ 霍尔：《组织：结构、过程及结果》，张友星译，上海财经大学出版社 2003 年版，第 146 页。

理学界和经济学界，他提出："要制定一个理想的企业目标，必须平衡考虑企业诸多利益相关者之间相互冲突的索取权"。① 此后，学者们从不同角度对利益相关者进行了定义，弗里曼（Freeman）在《战略管理：一种利益相关者的方法》一书中对利益相关者的概念进行界定："利益相关者是能够影响一个组织目标实现或受到一个组织实现其目标过程影响的所有个体和群体"。② 此定义扩展了利益相关者的内涵，在广泛的应用领域内产生了巨大影响。

在高等教育领域，张维迎③认为大学作为一个非营利组织，其中的利益相关者至少包括：行政人员、教师、学生、校友，也包括社会本身。美国的高等教育学家罗索夫斯基第一次在高等教育学研究中运用了利益相关者理论并论证了学生是最重要的利益相关者④。利益相关者理论在分析大学治理中学生群体的地位时是最基本的理论依据。

大学治理是多元利益相关者通过协调、沟通、合作而非对抗的方式共同实现组织目标和公共利益的一种自洽、和谐的管理状态。它所肯定的高校自主办学权和以学生为本的理念是高等教育质量的重要保障⑤。学生组织是大学治理体系的重要组成部分，它们有序地动员了性格各异、数量庞大的学生群体，创新性地提出了各种参与学校事务管理的方式。在高校从传统管理模式转向大学治理的过程中，学生组织经历了被治到共治的角色转变——从政策执行者、基层传达者和学生管理事务的有限参与者变成参与学校决策的主体和学生行使政治权利的代表。然而这种转型并没有完成，首先表现在传统的学生组织在定位上深受行政管理思想的束缚，在学校的制度上和管理者的观念上都还没有完全接纳一个崭新定位的学生组织。其次表现在专门服务于学生参与大学治理的学生组织发展不成熟，不仅学生参与机制的建设尚不完善，与主管各项事务的职能部门之间还处于不断磨合的认识阶段⑥。这导致学生参与大学治理相关权利的落实停留在浅表无法深入到关键阶段。对于参与缺失现象产生的缘由，一些学者

---

① H. 伊戈尔·安索夫：《战略管理》，邵冲译，机械工业出版社 2010 年版，第 30 页。
② R. 爱德华·弗里曼：《战略管理：利益相关者方法》，王彦华、梁豪译，上海译文出版社 2006 年版，第 54 页。
③ 张维迎：《大学的逻辑》，北京大学出版社 2005 年版，第 9 页。
④ 洪彩真：《学生——高等教育之核心利益相关者》，载《黑龙江高教研究》2006 年第 12 期。
⑤ 王战军、乔伟峰：《中国高等教育质量保障的新理念和新制度》，载《清华大学教育研究》2014 年第 3 期。
⑥ Harold Arturo Combita Niño, Johana Patricia Cómbita Niño, Roberto Morales Ortegac. Business intelligence governance framework in a university: Universidad de la costa case study. *International Journal of Information Management*, 2020（50）：405 – 412.

进行了归纳。王怀勇等[1]认为，学生组织的缺位会影响大学治理的发展水平，其原因主要是学生组织发育不成熟且行政权力过大造成的。马培培[2]认为学生自身素质对学生组织参与效果有影响。周巍等[3]通过对武汉市七所高校展开的调查表明，大学的制度、管理结构、文化环境都可能在外部对学生组织形成制约。在不同因素中，制度被认为是非常重要的一个层面。袁本涛[4]认为完善现代大学制度是中国大学治理改革的核心之一。史静寰[5]在讨论大学的质量治理时，提到大学组织、制度和文化的重构是大学综合改革的重要内容。

二、参与管理理论

参与管理的理论基础是管理学家所提出的关于人性假设的理论。霍桑实验对美国心理学家梅奥（E. Mayo）产生了启发，他提出"社会人"的概念，认为人们期待管理者能满足其需要。该观点推动了"参与管理"理念的产生，即管理者应允许被管理者参与决策[6]。之后，麦格雷戈等人提出了"Y 理论"，认为人能通过自我实现感受到最大的满足，允许人们在相关事务上享有发言权则为其满足自我实现的需要提供了机会[7]。该理论最初在企业中得到应用，现在已向管理学的其他领域不断拓展。我国的高等教育改革赋予了高校更多自主权，允许学生群体参与决策的活动空间不断扩展。一些高校开始吸收学生代表参与学校决策，采取通过多种多样的形式收集学生的意见和建议来不断优化学校的管理方式。这实际上正是参与管理理论在高等教育管理领域的应用。

大学治理中的学生组织主要通过两种参与模式发挥作用。第一种模式是直接充当大学治理的参与主体，代表学生提出意见、参与学校各方面事务的监督

① 王怀勇、杨扬：《学生组织参与现代大学内部治理的反思与重构》，载《国家教育行政学院学报》2015 年第 5 期。
② 马培培：《论美国大学治理中的学生参与》，载《高等教育研究》2016 年第 2 期。
③ 周巍、孙思栋、谈申申：《学生组织参与大学治理的驱动因素研究——基于结构方程模型》，载《中国高教研究》2016 年第 6 期。
④ 袁本涛：《现代大学制度、大学章程与大学治理》，载《探索与争鸣》2012 年第 4 期。
⑤ 史静寰：《走向质量治理：中国大学生学情调查的现状与发展》，载《中国高教研究》2016 年第 2 期。
⑥ 斯蒂芬 P. 罗宾斯：《管理学》，孙健敏译，中国人民大学出版社 2008 年版。
⑦ 道格拉斯·麦格雷戈：《企业的人性面》，韩卉译，中国人民大学出版社 2008 年版。

与决策。比如，耿依娜①等人认为，大学治理中多元主体参与和分权机制都有助于学校管理结构的扁平化，有助于学生组织作为大学治理的主体之一参与学生管理、教学评价、学生维权和其他事务决策。第二种是作为学生与学校沟通的桥梁，主要负责活动组织、信息沟通、宣传教育等作用，传达普通学生的诉求，选拔学生代表参与学校管理。比如胡敏②认为从制度上支持学生组织发展可以构建学生诉求表达的机制，形成其参与大学治理的有效载体。前者表现了对学生群体权利的重视，体现了民主集中制的思想；后者更重视学生的个人权利，将学生组织视为学生的参与渠道。在两种方式中，学生组织均扮演了重要角色。

---

① 耿依娜、夏炜宜：《从被治到共治：学生组织在高校管理模式变革中的角色转换》，载《浙江工业大学学报：社会科学版》2013 年第 3 期。
② 胡敏：《大学善治视野下学生利益诉求表达机制建构》，载《高教探索》2015 年第 10 期。

第三章
学生组织参与大学治理驱动
因素的实证研究

在对学生组织参与大学治理的理论进行研究之后，本章运用结构方程模型对学生组织参与大学治理的驱动因素进行实证分析，为大学治理中学生组织参与模式的构建探寻动力来源。

第一节　结构方程模型与研究样本

对学生组织参与大学治理的驱动因素进行研究有利于缓解学生组织参与缺失的现象，从而更好地发挥其在大学治理中的作用。基于此，本章利用"大学治理中学生组织参与度的评价量表"获得了大量数据，在传统因素分析的基础上运用结构方程模型提取若干共同因素，构建更简约有效的评价指标体系，并通过探究具体评价指标对共同因素的解释力度、几个共同因素之间的内在因果关联等，从而锁定推动学生组织参与大学治理的源泉因素、中介因素和目标因素，为各高校学生组织未来发展和改革的侧重点提供参考。研究样本和数据的获取采用问卷调查法，分两阶段进行，第一阶段针对武汉市 7 所高校展开了调查，第二阶段针对湖北省除武汉市外的 5 所高校展开了调查。

一、结构方程模型的基本分析方法

结构方程模型（Structure Equation Modeling）常被用来验证潜变量间的因果关系和潜变量与对应观察变量间的一致性程度。其中，"潜变量"是无法直接度量的假设概念，如"民主素养"、"环境平等"，这些变量需要用可度量的"观察变量"的数值来反映。

一个完整的结构方程模型应包含两个次模型：测量模型与结构模型。测量模型描绘的是潜变量如何被相应的观察变量所测量，同时了解理论所构建的共同因素模型与实证数据是否契合；结构模型则为验证潜在变量间的理论假设关系，且为估计模型中其他变量无法解释的变异量部分，一般来说，可由以下 3 个方程表示：

$$X = \Lambda_X \xi + \delta \tag{3.1}$$

$$Y = \Lambda_Y \eta + \varepsilon \tag{3.2}$$

$$\eta = B\eta + \Gamma\xi + \varsigma \tag{3.3}$$

其中，式（3.1）、式（3.2）为测量模型，式（3.3）为结构模型，ξ、X 为外生潜变量和外生观察变量，η、Y 为内生潜变量和内生观察变量，Λ_X、Λ_Y 表示潜在变量解释的观察变量的变异量，Γ 表示外生变量与内生变量的关系，B 表示潜变量间的关系，ς 是未能解释的部分。

二、指标评价量表与研究样本来源

1. 大学治理中学生组织参与的评价量表

参照指标设计的"实用性原则"和"准确性原则"，本章首先编制了"大学治理中学生组织参与的评价量表"（简称"参与度量表"），其口包含"平等性"、"参与性"、"制度性"、"沟通性"、"问责性"5 个维度和 37 个测量变量。在武汉某高校内随机发放 200 份问卷进行了预调研，同时结合专家讨论会的意见，最终确认 5 个维度、26 个测量变量组成修改后的"参与度量表"。其中，平等性测量了学生对"学生、行政管理人员"和"学生、老师"两类关系间平等程度的直观感受，衡量了大学治理环境中观念与文化保障；参与性测量了学生自身对本校学生参与大学治理的积极性和参与程度的主观评价，代表了学生组织收集建议的来源广泛性和参与大学治理的深度；沟通性考察了学生与学校进行沟通的渠道多样性和频率等，反映了学生组织促进意见沟通的能力与效果；制度性从多角度考察了相关制度建设的情况，反映的是学生对于学生组织形式发展程度的主观感受；问责性则反映了学校信息公开和学生对垂直权力监督等方面的进展。

"参与度量表"采用李克特量表（Likert scale）的形式，要求被调查者对一组与测量主题相关的陈述句表达认同程度，一般采用 4 个、7 个或 9 个回应等级。李克特量表是调查研究中使用最广泛的量表形式。本书采用 7 个评价等级的形式，学生对每个变量评价的最高得分是 7，最低得分是 1。具体地，1~7 分别表示"完全反对"、"绝大部分反对"、"少部分认同，但大部分反对"、"中立，认同与反对比例对等"、"比较认同，但部分反对"、"大部分认同"、"完全认同"。

2. 研究样本来源

研究选取 AK 大学、WQ 大学、HS 大学、ZN 大学、ZM 大学、HJ 学院、WF 大学、CJ 大学、SX 大学、HM 学院、HS 学院和 HQ 学院为样本学校。其中 WQ 大学、ZM 大学、HS 大学是综合性大学，AK 大学、WF 大学是理工类大学，ZN 大学、HJ 学院是文科院校，CJ 大学和 SX 大学是省部共建大学。12 所高校共回收有效问卷 2 942 份。样本高校选取原则有两条：一是尽可能兼顾与平衡不同层次、不同门类的大学，从而提高学校间比较研究的对比性；二是侧重一二本院校、剔除三本和专科院校，原因在于前期调查中发现在三本和专科院校中学生组织参与大学治理的模式十分零散、不健全，暂不具有考察的意义。表 3-1 统计了被调查学生的年级、民族、政治面貌和学生工作经历，分布比较均匀，具有典型代表意义。

表 3-1　　　　　　　　被调查者基本信息情况

项目	特征	人数	百分比（%）	项目	特征	人数	百分比（%）
受教育程度	大一	485	16.5	政治面貌	群众	92	3.1
	大二	1 140	38.7		民主党派	10	0.3
	大三	809	27.5		团员	2 230	75.8
	大四	235	8.0		党员	610	20.8
	博士生	23	0.8	学生工作（多个职务填职位最高者）	校外组织	135	4.6
	硕士	250	8.5		校级组织	804	27.3
民族	少数民族	428	14.5		院级组织	1 209	41.1
	汉族	2 514	85.5		无经历	794	27.0

第二节　测量模型构建

一、探索性因素分析

构建测量模型，进行探索性因素分析（EFA），首先要对量表的26个变量进行减维处理。由于在主观性设计的量表中可能存在上下级测量指标匹配度不足、信息重复收集等问题，在建立结构方程模型前，先做探索性因素分析。利用最大方差旋转法做正交旋转得到的结论，与仅用武汉7校调研的数据进行因子分析的结论有所差异，如表3-2所示。剔除了x6和x13后，得到了4个公共因子作为潜变量，即驱动因素。四个潜变量分别命名为："民主素养"、"民主沟通"、"环境平等"、"民主制度建设"。其中，"民主素养"水平包含了4个观察变量，分别对学生参与大学治理的积极性、对政治权利的掌握程度、管理能力等方面进行测量；"民主沟通"程度包含了5个观察变量，分别对与管理者沟通活动、提案行动的活跃性、提案解决和反馈质量等方面进行测量；"环境平等"程度包含了7个观察变量，分别对学生组织与学生之间、学生组织内部、学生内部、学生与管理者之间等的平等性进行了测量；"民主制度建设"包含了8个观察变量，分别对学生参与的事务范围和权利范畴、学生对学生组织和学校的监督、学生组织发展情况等进行了测量。四个潜变量总的方差贡献率是61%，解释力较好。

表3-2　　　　　　　　　　探索性因素分析结果表

潜变量	观察变量（对应题号）	方差贡献率（%）
民主素养	x1 x3 x4 x5	22.23
民主沟通	x14 x15 x16 x17 x18	13.67
环境平等	x2 x7 x8 x 9 x10 x11 x12	13.94
民主制度建设	x19 x20 x21 x22 x23 x24 x25 x26	11.52

二、验证性因素分析

测量模型主要是为了验证潜变量与观察变量的一致性，也就是进一步验证探索性因素分析得到的因子结构是否契合实际数据，因此又称为验证性因素分析（CFA）。首先检验数据是否符合正态分布假设，具体是进行峰度、偏度、Mardia 系数检验。一般认为偏度绝对值 < 3，峰度绝对值 < 10，即可视为常态；当 Mardia 系数 < p(p + 2) 时（p 为观察变量数目），则满足多元常态分布，检验发现 x11 不符合多元正态分布，应剔除掉。其次，为了解决卡方过大造成适配度不好的问题，利用 M1 修正指数重组或删除变量并将观察变量的误差设成有共变关系[①]，这个过程需要经过反复的尝试，直到测量模型的适配度通过检验为止。最后，x25、x24、x18、x17、x11、x10、x2 被剔除后得到了图 3 - 1 中的测量模型。表 3 - 3 为该测量模型的主要适配度检验指标值（仅选取了部分具代表性的检验指标）。表 3 - 2 显示该模型的基本适配度佳，内外质量很好，没有界定错误，可以在此基础上进一步建立结构模型。

图 3 - 1 中的因素负荷量，即标准化路径系数代表潜变量对观察变量的影响，因素负荷量越大的观察变量越能对潜变量的情况进行反映。在结构方程模型中，每个观察变量（自变量）对潜在变量（因变量）的解释力是因素负荷量的平方。以"民主素养"水平与 x1 间的标准化路径系数来看，可以得到：民主素养对观察变量 x1 的直接效果值为 0.6，x1 指标对潜在变量学生民主素养的预测力为 $0.60 \times 0.60 = 0.36$。由此可以得到结论：x19 即"学生组织形式的完善程度"是代表一所大学中"民主制度建设"水平的最主要变量，解释力为 $0.78 \times 0.78 = 0.6084$；x14"提案解决和反馈的及时性"是代表一所大学中"民主沟通"水平的最主要变量，解释力为 $0.72 \times 0.72 = 0.5184$；x8"学生组织对学生利益的代表性"是代表一所大学中"环境平等"程度的最主要变量，解释力为 $0.78 \times 0.78 = 0.6084$；x4"学生参与大学治理的积极性"是代表一所大学中学生"民主素养"发展水平的最主要变量，解释力为 $0.72 \times 0.72 = 0.5184$。

---

① 在不违背实际理论与 SEM 特有假定的前提下，可以参考修正指标将误差变量间设成有共变关系。

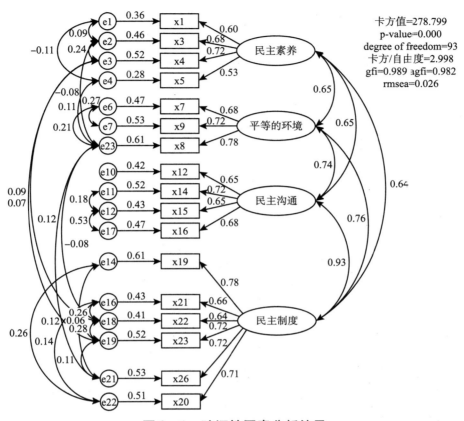

图 3 - 1 验证性因素分析结果

表 3 - 3 验证性因素分析的模型适配度检验

项目	统计检验量	适配标准	检验结果数据	适配判断
基本适配度检验	标准因素负荷量	0.5 ~ 0.95	0.53 ~ 0.78	是
	误差变异量	均 > 0	均 > 0	是
	标准误估计值	很小	0.029 ~ 0.070	是
整体模型适配度（外在质量）检验	χ^2 值	P > 0.05	291.3（p = 0.000）	否*
	RMR	< 0.05	0.038	是
	RMSEA 值	< 0.05 优良；< 0.08 良好	0.026	是
	GFI	> 0.9	0.989	是
	AGFI	> 0.9	0.982	是
	NFI	> 0.9	0.987	是

续表

项目	统计检验量	适配标准	检验结果数据	适配判断
模型内在质量检验	潜在变量的组合信度 CR	>0.6	0.770 ~ 0.856	是
	潜在变量的平均抽取变异量 AVE	>0.5	0.457 ~ 0.529	基本符合，1个 <0.5

＊由于使用极大似然法来估计参数，适配度的卡方值会过度敏感，样本数太大本身就会造成卡方值过大，因此应参考多向度的指标值加以综合判断。

第三节　结构模型构建

一、研究假设

建立结构模型对潜在变量之间的因果关系和中介效应进行研究，首先要提出研究假设，再构建模型对假设进行检验。具体地，学生组织的发展水平应该是反映大学治理制度的关键因素[①]。

专门服务于学生参与大学治理的学生组织不仅能对学生的政治素养和民主意识产生教育作用，在用实际行动推动学生与学校管理者交流、协商的过程中，必然会把大学治理的观念扩散至全校，有助于形成良好的校内氛围。学生组织对学生利益的代表程度同时也是环境平等性的最佳代表。基于此，提出如下假设：

H1：民主制度对民主沟通水平、环境平等程度和学生民主素养都有直接正影响。

一方面，学生民主素养的提高有助于更好地参与大学治理，理性参与、有序参与都对促进学生与学校之间的沟通有积极作用；另一方面，学校管理者、

---

① 曹辉：《大学内部治理中的学生参与：动因、路径及其实现》，载《国家教育行政学院学报》2020 年第 2 期。

学生组织在面对学生时采取更加平等开放的姿态，更多以学生利益为考量，同样有助于获得学生的信任，实现学校与学生的顺畅沟通。提出如下假设：

H2：学生的民主素养对民主沟通水平有直接正影响；

H3：学校环境平等程度对民主沟通水平有直接正影响。

在上述三个假设的基础上提出一个猜想，学生民主素养和校园环境平等性的提高有助于民主制度更好地发挥作用，这一假设也是与实际情况相符的：学生组织和制度保障的健全只是为学生和学校之间提供了意见沟通的渠道，而最终沟通效果还取决于双方的沟通技巧与对彼此的信任与善意。由此，提出如下假设：

H4：民主素养和环境平等性在民主制度对民主沟通的作用中呈现中介效应。

二、假设检验

图 3-2 所示的结构模型将"民主沟通"作为内生潜变量（即结果），将"民主素养"、"环境平等"和"民主制度"均作为外生潜变量（即原因），以对 H2 和 H3 进行验证。从图 3-2 所示的模型适配度检验指标中可以明显地看出，该模型的卡方值（2 884）过大，且 AGFI、GFI、RMEA 值都在规定范围之外①。故该结构模型内在质量和外在质量都比较差，模型构建存在较大问题。因此，环境平等程度和民主素养对民主沟通的直接影响并不显著，H2 和 H3 都遭到了质疑，进一步分析，从图 3-2 中 3 个外生潜变量对内生潜变量的标准化路径系数可以看出，民主素养和环境平等性两者对民主沟通的标准化路径得分系数非常低，分别为 0.18 和 0.27；相比之下，民主制度对民主沟通的标准化路径系数却达到了 0.85。这进一步地否定了 H2 和 H3，并透露出 H1 中民主制度对民主沟通的直接正影响具有一定的可信性，但由于图 3-2 所示的结构模型未通过适配度检验，因此需要重新构建结构模型对 H1 进行更为缜密的判断。

---

① 参照表 3-3 所示的适配度检验标准。

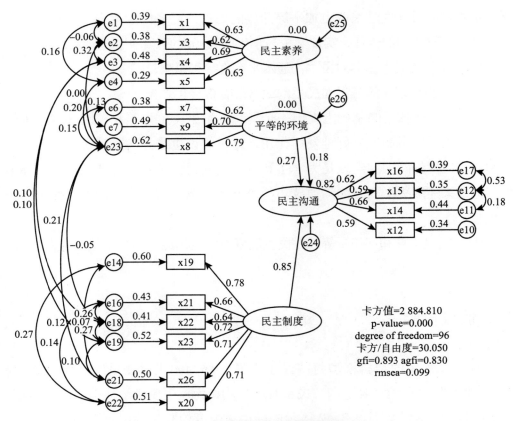

图 3 – 2 结构模型以验证 H2 和 H3

图 3 – 3 所示的结构模型将"民主沟通"、"民主素养"和"环境平等"三者均作为内生潜变量(即结果),将"民主制度"作为外生潜变量(即原因),以对 H1 进行检验。从适配度检验结果来看,该模型的内外质量都较佳,卡方值以及 AGFI、GFI、RMEA 值都在适配度检验标准的范围之内,因此该结构模型的结果具有可信性。从民主制度对其他三个内生潜变量的标准化路径系数来看,不仅都通过了 T 检验,而且三个系数值都较大。其中,民主制度对民主素养的标准化路径系数为 0.66,这说明"民主素养"在 43.6% (0.66 × 0.66) 的程度上被"民主制度"的发展水平所解释;"民主制度"对"民主沟通"的标准化路径系数为 0.94,说明"民主沟通"在 88.4% (0.94 × 0.94) 的程度上被"民主制度"的发展水平所解释;"民主制度"对"环境平等性"的标准化路径系数为 0.77,说明"环境平等性"在 59.3% (0.77 × 0.77) 的程度上被"民主制度"的发展水平所解释。由此 H1 得到了验证,民主制度对民主沟通水平、环境

平等程度和学生民主素养均呈现直接正影响。

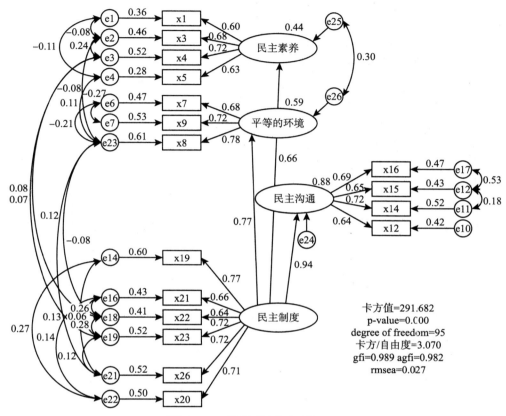

图 3 - 3　结构模型以验证 H1

　　为了探讨民主素养和环境平等性是否在民主制度对民主沟通的作用中呈现中介效应，即对 H4 进行验证，构建了如图 3 - 4 所示的结构模型。该模型的内在和外在质量均较好，表现为模型的卡方值较小，AGFI、GFI、RMEA 值都在标准范围之内且标准化路径系数均通过了 T 检验。由此可以看出，民主制度对民主沟通的影响，不仅体现为 H1 中的直接作用，且通过环境平等性、民主素养两个潜变量的传导对民主沟通产生间接影响，三者的总解释程度达到了 78%。这表示民主素养和环境平等性在民主制度对民主沟通的作用中具有中介效应，即验证了 H4。对照 H2、H3 和 H4 可以发现，虽然"民主素养"和"环境平等性"对"民主沟通"未呈现出直接的正影响，但两者在"民主制度"的引导下却表现出对"民主沟通"的显著影响。这说明，只有在民主制度健全的情况下，学生素养的提高和校内环境的更加平等才能推动一所大学民主沟通水平的全面发展。整体的传导路径如图 3 - 5 所示。

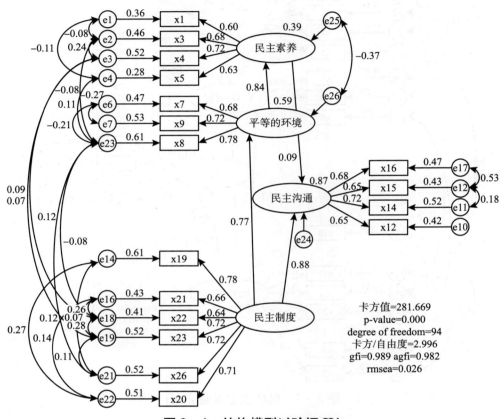

图 3 - 4　结构模型以验证 H4

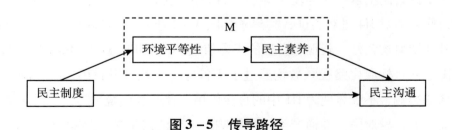

图 3 - 5　传导路径

　　为了更好地对图 3 - 5 所示的传导路径进行说明，表 3 - 4 显示了自变量对因变量的标准化直接效果、间接效果与总效果值（根据图 3 - 4 中的结构模型）。其中，外生潜变量"民主制度"对内生潜变量"民主沟通"的直接效果为

0.876，间接效果值为 0.057，总效果值为 0.876 + 0.057 = 0.933。其中的间接效果值等于 0.766 × 0.843 × 0.088 = 0.057，与图 3 - 5 的传导路径相一致。

表 3 - 4　　　　结构模型中内生和外生潜变量之间的各效果值

变量关系	直接效果	间接效果	总效果
民主制度→平等环境	0.766	—	0.766
平等环境→民主素养	0.843	—	0.843
民主制度→民主素养	—	0.645	0.645
民主素养→民主沟通	0.088	—	0.088
平等环境→民主沟通	—	0.074	0.074
民主制度→民主沟通	0.876	0.057	0.933

第四节　结论与建议

第一，学生组织形式的发展水平影响大学治理水平。"民主沟通"程度可以反映一所大学治理水平的高低。根据结构模型的 H1 和 H4 得到，"民主制度"是学生组织参与大学治理发展的源泉因素，这体现在它不仅直接对学生政治素养、学校环境平等性和大学治理水平有显著的正向作用，而且通过学生政治素养和学校环境平等性的传导作用间接对大学治理水平起到促进作用。因此，在推动大学治理水平提高的过程中，学校最需要重视的应该是加强治理制度的建设。而通过测量模型得到观察变量"学生组织形式的完善程度"对潜变量"民主制度"间的标准化路径系数最高（为0.78），这表示前者对后者具有最高的解释能力，故学生组织形式的发展能在最大程度上代表大学治理制度的完善情况。因此，在学校加强治理制度建设的过程中，最关键的是推动服务于大学治理的学生组织的发展，促进学生参与渠道的多样化、成熟化。总之，学生组织参与模式的发展水平在一定程度上决定了一所大学的大学治理发展水平。

第二，学生组织内部机制建设影响大学治理水平。许多研究指出了传统学生组织面临的科层制管理问题。学生组织在大学传统管理模式的影响下，承担了学生管理、政策执行的任务，在工作中的"官阶意识"在一定范围内存在，其科层制的组织结构同样影响绩效的提高，存在自身脱离学生群体的危机。学生组织只有完成扁平化的转型才能更好地代表学生的利益，这在很大程度上决定了环境平等性的高低。由于学生组织对学生利益的代表程度很大程度上影响了学生对环境平等性的评价，又因为环境平等性在大学治理水平发展的过程中起到中介作用，因此得出结论：学生组织建设不仅通过促进治理制度建设对一所学校的大学治理水平产生影响，同时其自身内部机制的建设也会通过影响学校环境平等性进而影响大学治理制度，对大学治理水平产生作用。

第三，学生组织的工作效率影响大学治理水平。"提案解决和反馈的及时性"是代表一所大学中"民主沟通"水平的最主要变量，说明学生对大学治理水平的评价更看重实际问题解决的情况。这直接对学生组织的工作效率提出了要求。对于专门服务于大学治理的学生组织，及时有效地推动提案解决和向学生反馈结果是最直接的工作目标。只有采取多种措施提高学生组织的工作效率，更好更快地解决学生反映的实际问题，才有助于提高学生对学生组织参与大学治理水平的评价。此外，"学生参与大学治理的积极性"最大程度上代表了学生的民主素养，所以大学要为学生提供更多参与机会的同时，想方设法提高学生参与大学治理的积极性，才能有效提高学生组织的参与水平和参与能力。

第四章
中国大学治理中的学生
组织参与状况调查

在对学生组织参与大学治理的驱动因素进行实证研究之后，本章继续对中国特色大学治理中学生组织参与模式进行调查分析，从学生组织参与的责任演变、行为选择与事务范围、机制与保障体系等三个方面对该参与模式展开了具体讨论。针对大学治理中的学生组织参与度评价的问题，将结合相关实例介绍评价方法。学生组织参与大学治理的意义是让学生从管理活动的客体转变成为大学治理的主体，通过提高学生参与大学治理的积极性和满意度推动现代大学建设。我国大学中学生组织参与的实例类型繁多、彼此差异较大，这是评价面临的主要困难。通过从学生主观感受角度设计多维分层指标评价体系或采取个案调查法等方式可以解决这一问题。"参与度评估"的基本目的是通过学生的主观感受评价了解学生组织参与大学治理的效果。本章将结合实地调研的过程介绍两种方法，从相关结果中可以印证，学生组织参与度较高的学校具备学生组织参与治理模式的主要特征。

第一节　学生组织参与大学治理责任的演变发展

学生组织在现代大学的治理中发挥着重要作用。学生组织既是负责向校方传达学生意见的机构，又是学生群体参与校务决策、监督决议执行的代表。我国的大学中也建立起了多种多样的学生组织，在以党委领导下的校长负责制为主要框架的大学治理结构中凸显了学生组织的地位。本部分将从学生组织参与大学治理责任演变的发展历程的角度对中国大学治理中的学生组织进行归纳和评述（见图4-1）。

一、起步阶段

学生组织参与大学治理的第一个阶段是起步阶段。学生在有意愿提出自己的意见、诉求时，没有专门的学生组织可以帮助他，学生只能求助于辅导员、

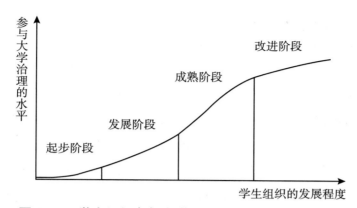

图4-1　学生组织参与大学治理责任演变的发展历程

行政人员等传统科层制管理中的管理者。这意味着如果学生提出意见或对个人权益进行维护，他需要面对在地位、权力上可能明显高于自己的对象。缺乏专门性的学生组织对于学生参与大学治理是一个阻碍，学生组织参与大学治理的缺位从根本上说明大学治理的理念、结构和制度的不健全，此时并不存在学生组织参与大学治理。随着学生自我意识的觉醒和大学治理理念的深入，第一阶段会从无到有产生学生参与大学治理的途径。首先，一些原有的校内学生组织比如学生会，由于与学生联系较为紧密，更为关注学生群体在学校决策中表达意见的需要，开始举办一些活动促进学生与学校管理层间的相互协调沟通。随着了解的进一步深入，作为被管理者的学生与作为管理者的各决策部门将会以一种更加平等、信任的眼光看待对方，这种平等信任的氛围是大学治理理念被接受并转化为实践的前提条件。活动的形式包括：在具体事务决策上为获取学生支持而举办的听证会，为介绍学校相关政策、了解学生意见而举办的座谈会等。其次，思想开明的管理者会不定期地面向学生开展意见收集活动，使相关政策决定更加符合公众期待。从整体上看，不论是学生对自身的定位抑或是学校对学生的定位都把学生群体视为被管理的对象，学生的意见亦很少能反映在学校的决策之中。

二、发展阶段

学生组织参与大学治理的第二个阶段是发展阶段。进入发展阶段的标志是在大学中形成了学生组织参与大学治理的稳定渠道，比如在学生会下设立了一个部门专门负责收集学生的意见，哈尔滨工业大学等很多国内大学均处于此阶段。在此类学校中，大学治理的理念已然产生了广泛的影响。"学生是大学最重要的服务对象之一"、"学生的合理诉求应该受到重视"、"学生为学校发展建言献策有助于校园建设"等观念获得普遍认同。大学内部自上而下以决策执行为目标建立的科层制管理结构出现了松动，处于底层的普通学生可以通过各种方式影响学校的决策，作为一个利益相关者群体发挥参与大学治理的作用。在第二阶段中，学生组织参与大学治理的形式并不局限于学生会的某一个部门，例如权益部，参与治理的渠道也可能不是这种服务于综合性事务处理的部门而是诸如食堂管理委员会、申诉处理委员会等应对专门需求的组织，还可能是以个人身份参与大学治理的学生校长助理等形式。这些渠道的建立，证明了学生的地位进一步得到提升，校园内部平等、信任的氛围得到了巩固和广泛的认可。此阶段中，参与大学治理的学生组织在结构上比较简单，几乎不存在不同部门间的分工与协作，而更多是一个共同目标下成员的简单相加；在工作流程的科学性、有序性、有效性等方面缺乏控制机制，工作的随意性较强。以上带来两个结果：一方面，它们的存在教育和启发了学生参与大学治理的意识和需求；另一方面，由于工作机制不够成熟、组织承压能力较差等原因而无法应对较大规模和较强复杂性的工作，在面对学生和学校的过程中可能树立"绩效低下"的形象（这一现象在对武汉市的调研中得到了证实）。假如学生组织在前一方面，即对学生参与意识的教育方面发挥的作用较大，而在后一方面，即完成学生提案和协助学校有关部门的职能履行上表现较差的话，会使学生群体产生心理落差，从而容易对该校学生组织参与大学治理的情况给出较差的评价。反之，对于在前一方面发挥作用较小，而后一方面完成情况较好的学生组织，学生则愿意给出更好的评价。这种现象可以被概括成"做不好则不如不做"。在这种外部压力之下，第一种学生组织可能会从各个方面提高自身的工作能力，加强与学生、学校部门的协调；第二种学生组织在学生参与意识成长的推动下也会取得进一步的发展。

三、成熟阶段

学生组织参与大学治理的第三阶段是成熟阶段。不论是学生会权益部、学生校长助理或其他形式的参与渠道都属于初级的参与形式，而组织和代表学生参与大学治理是一项全面系统的工作。在组织人员上，这些组织的成员较少，对全校学生的代表性不够，面对庞大数量的学生群体时很容易出现力有不足的局面。在成效上，由于学生意见的递交需要经过收集、实地调研、对接职能部门、公开反馈等步骤，一个环节出现了问题就可能在学校管理部门、学生组织、学生三者之间产生误解，从而对学生组织下一步开展工作形成阻碍。同时，在"做不好则不如不做"的现象影响下和大学治理理念获得普遍认同的背景下，提高学生组织的服务能力就成为在校学生和学校管理者的共同需要。因此，具有工作章程和复杂架构、专门服务于学生参与大学治理的学生组织便应运而生，负责全面统筹全校学生参与大学治理的各项事务。新建立的学生组织是为了服务于参与大学治理的核心工作职能而建立的，往往拥有与一般学生会等组织完全不同的架构和组织定位，而正是由于这些特点的存在才能更加有效地调动人力、物力，克服原有组织形式的缺点。学生组织的建立对于学生参与大学治理只是一个起点，更重要的是要通过微观机制的建设，逐步提高学生参与大学治理的水平。比如，采取丰富多样的形式收集和反馈提案，建立有效的沟通渠道与学校主管部门对接、落实提案，加强对提案真实性和意见普遍性的调查等。只有真正提高学生对大学治理的实际感受，才能提升学生组织参与大学治理的效果①。

四、改进阶段

第四阶段是学生组织参与大学治理的改进与完善阶段。前一阶段中学生组织形成了较为完整的架构，建立了一个全校性的参与平台，从而推动学生组织参与大学治理进入成熟期。在此之后进入改进阶段，则需要与学校原有的管理模式形成良好的配合。在党委领导下的校长负责制中，党委、校务委员会、校长需要与职能部门配合完成具体的工作任务，学生如何参与"决策—执行"机制需要长期探索，在学生组织收集提案阶段，必然需要广泛地征集建议，妥善

---

① Sheng – Ju Chan，Chia – Yu Yang. Governance styles in Taiwanese universities：Features and effects. *International Journal of Educational Development*，2018（63）：29 – 35.

地对提案进行分类和调查，公平公正选拔学生代表与学生干部；在参与决策阶段必然要求学生组织拿出符合全体学生期待的建议，选出代表与学校管理层进行协商；在监督执行阶段必然安排具体的学生代表了解和掌握事项的进度，及时向学生进行通报；提案的反馈阶段，则要求与学校有关部门形成一致意见，及时、有效地向全校学生公布事项进展。这对学生组织的工作机制形成了较高的要求，改进阶段标志着学生组织参与大学治理进入了长期平稳的完善期。

第二节　学生组织参与中国大学治理的行为选择与事务范围

一、学生组织参与大学治理的行为选择

学生组织参与大学治理的事务范围和权利范畴刻画了学生组织的活动空间。这也意味着：学生组织参与大学治理的事务范围并不是越宽泛越好，权利范畴也并不是越丰富越好；恰恰相反，恰当的划定事务范围并针对每一块事务约定合理的、与责任相对应的权利范畴才最合适。所以，在展开具体分析之前先介绍一个框架——大学治理中的学生组织参与选择模型。

埃德温·M. 布里奇斯（Edwin M. Bridges）是美国斯坦福大学教育学教授、未来校长计划项目的主任。他认为，对于每一个待解决的事项，个人应按照自己与每件事的利益相关程度和作出正确决策的能力选择是否参与和参与的程度[1]。在他制定的参与者选择模型中，包含了相关性和决策力两个变量，依据两个变量强弱程度的相互组合形成了四种结果："相关性强、决策力强"则最大程度参与；"相关性弱、决策力强"则有限参与；"相关性强、决策力弱"则有限

---

[1] Hallinger P, Bridges E M. A Problem-based Approach for Management Education: Preparing Managers for Action. Springer, 2007.

参与;"相关性弱、决策力弱"则不参与。按照布里奇斯的参与者选择模型可以构建出一个符合学生组织参与大学治理实际情况的模型,即大学治理中的学生组织参与选择模型。按照这个模型,不同事务与学生利益的相关性、学生的决策能力各不相同,学生组织可以选择最大程度参与、有限参与、不参与三种行动。

借助学生组织参与模型,可以初步确定学生组织参与大学治理的事务范围和权利范畴。表 4-1 显示了学生组织参与大学治理的事务范围:针对与学生利益相关性较弱且学生的决策能力较弱的事务,学生组织应该选择不参与;除此以外的其他事务范围,学生组织的最佳选择应该是参与。同时,学生组织参与大学治理的事务范围可以分成两部分,一部分是与学生利益相关性较强且学生的决策能力较强的事务,学生组织应在参与过程中可能扩大自己的权利范畴,即选择最大程度参与,而对于与学生利益相关性较强但决策能力较弱或学生的决策能力较强但利益相关性弱的事务范围,学生组织应该选择有限参与,即按具体情况确定权利范畴,比如对于前者赋予知情权比参与决策权更恰当,对于后者赋予参与决策权有助于提高决策的科学性。图 4-2 展示了学生组织参与选择模型的含义。

表 4-1   **学生组织参与选择模型的行动策略**

	与学生利益相关性较强	与学生利益相关性较弱
学生的决策能力较强	最大程度参与	有限参与
学生的决策能力较弱	有限参与	不参与

二、学生组织参与大学治理的事务范围

按照学生组织参与选择模型的结论,对事务范围与权利范畴的研究可以化解为一个更加简单的问题:评估大学治理中的每一项事务与学生利益的相关程度以及评估学生在每一项事务上的决策能力,据此开展具体性的研究。根据专家讨论会意见,将大学治理中涉及的事务范围分解成了 10 类开展调查,面向前述 12 所大学的 3 192 位学生发放了调查表,调查表要求被调查者做两个排序题:

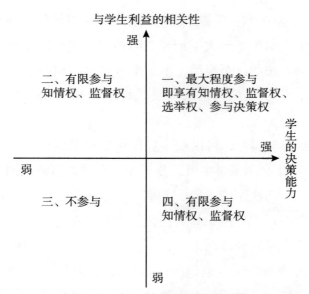

图 4 - 2　大学治理下的学生组织参与选择模型

一是按照与学生利益相关性的大小，从高到低对 10 类事务范围进行排序；二是按照学生在每一项事务上的决策能力大小，从高到低对 10 类事务范围进行排序。

在得到结果后对调查表的数据进行处理：将每一张调查表上排序第一的两个事务范围分别赋分："相关性 5 分"和"决策力 5 分"，排序第二的两个事务范围分别赋分："相关性 4 分"和"决策力 4 分"，依此类推并跳过 0 分的赋值，排序最后一名的两个事务范围分别赋分："相关性 - 5 分"和"决策力 - 5 分"。计算每一项事务范围在相关性和决策力上的平均分，结果如表 4 - 2 所示，并在学生组织参与选择模型的坐标系上描出每项事务范围对应的坐标点，得到图 4 - 3，其中 X 轴横坐标代表了决策力强弱，Y 轴纵坐标代表了与学生利益相关性的强弱。

表 4 - 2　　　　　10 项事务范围的相关性和决策力得分情况

事务范围	A	B	C	D	E
决策力得分	0.8	4.0	- 3.4	2.3	- 0.9
相关性得分	2.2	4.3	- 1.1	- 0.3	3.4

续表

事务范围	F	G	H	I	J
决策力得分	4.5	-3.2	2.9	-4.2	-0.5
相关性得分	4.1	-3.4	0.7	-4.5	-1.9

注：A 代表"人事与教师聘用"，B 代表"教学事务与考务"，C 代表"财务预算与决算"，D 代表"校园建设与维护"，E 代表"医疗卫生与安全保障"，F 代表"食堂、住宿、生活服务"，G 代表"党建与思政宣传"，H 代表"纪律检查与处分"，I 代表"离退休人员管理"，J 代表"对外交流"。

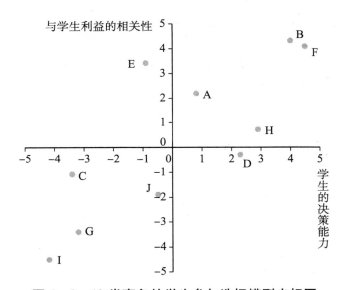

图 4 - 3　10 类事务的学生参与选择模型坐标图

针对图 4 - 3 进行分析，可以得到结论：10 类事务处于坐标图 4 个不同的象限中，其中第一象限中有事务 A、B、F、H，第二象限中有事务 E，第三象限中有事务 C、G、I、J，第四象限中有事务 D。根据利益相关性和决策能力的原则可以更加准确地确定学生组织参与大学治理的权利范畴与事务范围。学生组织参与大学治理的事务范围是位于图中一、二、四象限的点所代表的事务范围，即"人事与教师聘用"、"教学事务与考务"、"校园建设与维护"、"医疗卫生与安全保障"、"食堂、住宿、生活服务"、"纪律检查与处分"。针对不同一、二、四不同象限中的事务，学生组织参与的权利范畴也是不一样的。其中第一象限中的事务与学生利益密切相关，且学生的参与能力强，应该被赋予最丰富的权利，即知情权、监督权、参与决策权，某些事项上还应该被赋予选举权；第二象限中的事务与学生利益密切相关，但由于学生的专业知识等原因决策能力较弱，应被赋予知情权和监督权；第四象限的事务与学生利益并不十分相关，由于学生日常接触较多、了解充分等原因，应被赋予知情权和参与决策权。其中监督权是复合性权利，包含了批评权、建议权、申诉权等权利。

第三节　学生组织参与中国大学治理的机制与保障体系

通过对"学生组织参与模式"的"学生组织形式"与"参与的事务范围与权利范畴"进行研究，本书已经比较清楚地回答学生组织如何参与大学治理、在什么范围内和程度上参与大学治理等问题。参与大学治理需要一个前提：大学内部形成了一个支持大学治理有效实施的政策环境与思想理念，这就是大学治理环境。这一环境的保障体系同样是"学生组织参与模式"的构成要素。本书第二章从治理理念、治理结构、治理制度三个角度出发对大学治理进行了阐释，基于此，大学治理环境的保障体系应该包括：法律层面的保障、大学章程的保障、观念与文化保障。

一、法律层面的保障

法律层面的保障是大学治理环境的保障体系中最为规范同时最具影响力的部分。1999 年初次颁布实施并于 2015 年修订的《中华人民共和国高等教育法》第 11 条规定，大学"依法自主办学，实行民主管理"；第 57 条规定"学生可以组织校内学生团体，在法律、法规规定的范围内活动"，这为我国学生组织参与大学民主管理提供了坚实的法律基础。2005 年《普通高等学校学生管理规定》颁布，其第 41 条规定，"学校应当建立和完善学生参与民主管理的组织形式，保障和支持学生依法参与学校民主管理"，明确赋予学生组织参与大学治理的权利并指出高校有义务为此提供保障，极大地促进了大学内广大学生参与大学治理的相关政策的出台和实施。此外，还有一些法律法规对学生组织参与模式产生了影响，比如2010年教育部颁布的《普通高校信息公开办法》推动大学建立信息公开制度，加强了学生对学校各项事务的知情权等。我国学生组织参与大学治理的法律法规正在加快完善，但上位法的相关规定还不够，具体规则内容比较抽象，法律保障的建设还有提升的空间。

二、大学章程的保障

大学章程规定了大学的办学目标、发展方向和内部管理的原则，是教育法律法规在学校层面的具体化，同时作为大学宪法，是学校内各类规章、制度、政策的"上位法"，保障了大学依法治校和自主办学[①]。2011年《高校章程制定暂行办法》颁布，截至2016年5月，92所中央部属院校的章程经教育部核准颁布。"学生参与学校管理"成为大学章程中有关学生权利规定的主要内容之一，据统计，颁布大学章程的前84所大学中，87%的学校专门在章程中建构了有关"学生参与学校管理"的内容，但只有15%的学校在参与范围等方面较为明确详尽[②]。总体上说，我国大学章程对学生组织参与大学治理环境的保障已经初步确立。这表明我国大学中学生与学校管理者之间的关系已经发生了明确的变化，不再是单一的管理者与被管理者的关系，但新的关系还没有通过制度完全建立起来，学生组织在大学治理中的作用还没有得到充分的肯定。

三、观念与文化保障

如果法律法规和大学章程是保障学生组织参与大学治理的硬防护，观念与

---

① 秦惠民：《有关大学章程认识的若干问题》，载《教育研究》2013年第2期。
② 何晨玥、金一斌：《大学章程中关于学生权利的话语体系建构——基于教育部已核准84所高校章程文本的比较》，载《中国高教研究》2015年第9期。

文化的保障则是学生组织参与大学的软防护。从治理理念上看，大学治理包含了一种平等的思想，它改善了学生与教师、行政管理人员之间的单一关系，认可了学生作为利益相关群体参与大学治理的权利和推进大学发展的能力。大学教育的法治意识、民主政治、责任意识都有助于大学治理中学生参与意识的觉醒。大学内学生组织的发展和参与大学治理的实践也有助于改变学生、教师、行政管理人员的传统思想和观念，这种观念上的改变最终形成一种有助于大学治理发展完善的校园文化，从而能够从根本上减弱改革传统管理观念、传统管理结构和传统管理制度的阻力。与上述两者类似，观念与文化维度也是评价大学治理发展水平的一个重要尺度①。法律法规、大学章程和观念与文化构成学生组织参与大学治理的综合保障体系。

---

① 罗索夫斯基：《美国校园文化——学生教授管理》，谢宗仙等译，济南人民出版社1996年版。

第五章
大学治理中学生组织不同参与模式评价与转型

针对大学治理中的学生组织参与度评价的问题，本章将结合相关实例介绍评价方法。学生组织参与大学治理的意义是让学生从管理活动的客体转变成为大学治理的主体，通过提高学生参与大学治理的积极性和满意度推动现代大学建设。我国大学中学生组织参与的实例类型繁多、彼此差异较大，这是评价面临的主要困难。通过从学生主观感受角度设计多维分层指标评价体系或采取个案调查法等方式可以解决这一问题。本章将结合实地调研获取的数据，利用因子分析法、层次分析法和模糊综合评价方法，通过学生的主观感受评价、了解学生组织参与大学治理的效果。根据"参与度评估"结果，印证学生组织参与度较高的学校具备本书模式的主要特征。

第一节　多维分层指标评估法及其实例

随着高等教育变革的深入和现代信息技术的应用，数据成为高等教育评估的一个中心①。本节将介绍多维分层评估法的实施方法。在学生组织参与大学治理的过程中，学生是参与大学治理的主体和学生组织服务的对象。学生的主观感受可以直观地反映大学治理中学生组织参与模式的发展状况，即可以通过收集学生对学生组织形式、参与事务范围与权利范畴、保障体系等方面的主观性评价，了解学生组织对大学治理的参与度。首先，需要设计一套多维分层评价指标体系，体系中的指标都是直观可感，并能对学生组织参与模式形成良好的反映，再借助统计分析的方法对收集到的结构化数据进行处理，最后形成评估结果。本章采用自主设计的评估指标体系，面向武汉市7所高校的学生开展了问卷调查，利用层次分析法、因子分析法和模糊综合评价法对数据进行了处理。

---

① 王战军、乔伟峰、李江波：《数据密集型评估：高等教育监测评估的内涵、方法与展望》，载《教育研究》2015年第6期。

一、评价指标与研究样本

1. 大学治理中学生组织参与度的评价量表

参照指标设计的"实用性原则"和"准确性原则",本章首先编制了"大学治理中学生组织参与度的评价量表"(简称"参与度量表"),其中包含"平等性"、"参与性"、"制度性"、"沟通性"、"问责性"5 个维度和 37 个测量变量。在武汉某高校内随机发放 200 份问卷进行了预调研,同时结合专家讨论会的意见,最终确认 5 个维度、26 个测量变量组成修改后的"参与度量表"。其中,平等性测量了学生对"学生、行政管理人员"和"学生、老师"两类关系间平等程度的直观感受,衡量了大学治理环境中观念与文化保障;参与性测量了学生自身对本校学生参与大学治理的积极性和参与程度的主观评价,代表了学生组织收集建议来源的广泛性和参与大学治理的深度;沟通性考察了学生与学校进行沟通的渠道多样性和频率等,反映了学生组织促进意见沟通的能力与效果;制度性从多角度考察了相关制度建设的情况,反映的是学生对于学生组织形式发展程度的主观感受;问责性则反映了学校信息公开和学生对垂直权力监督等方面的进展。

"参与度量表"采用李克特量表的形式,要求被调查者对一组与测量主题相关的陈述句表达认同程度,一般采用 4 个、7 个或 9 个回应等级。李克特量表是调查研究中使用最广泛的量表形式。本书采用 7 个评价等级的形式,学生对每个变量评价的最高得分是 7,最低得分是 1。具体地,1~7 分别表示"完全反对"、"绝大部分反对"、"少部分认同,但大部分反对"、"中立,认同与反对比例对等"、"比较认同,但部分反对"、"大部分认同"、"完全认同"。

2. 研究样本的选取

研究选取了 AK 大学、WQ 大学、HS 大学、ZN 大学、ZM 大学、HJ 学院、WF 大学为样本学校。其中,WQ 大学、ZM 大学、HS 大学是综合性大学,AK 大学、WF 大学是理工类大学,ZN 大学、HJ 学院是文科院校。样本高校选取原则有两条:一是尽可能兼顾与平衡不同层次、不同门类的大学,从而提高学校间比较研究的对比性;二是侧重一二本院校、剔除三本和专科院校,原因在于前期调查中发现在三本和专科院校中学生组织参与大学治理的模式十分零散、不健全，暂不具有考察的意义。

依据样本量计算公式的结果，同时结合研究实际需要，每所大学中有 300 名学生填写了问卷。回收后对数据进行了整理，有效数据共有 1 961 条，包括 AK 大学 289 条、WQ 大学 266 条、HS 大学 294 条、ZN 大学 277 条、WF 大学 285 条、ZM 大学 278 条、HJ 学院 272 条。问卷所包含的被试者的基本信息列示在表 5 – 1 中，可以看出被试者分布较均匀，年级、民族、学生工作经历比例合理，符合武汉地区大学生结构，有典型代表意义。

表 5 – 1 **被试者的基本信息情况**

指标	类别属性	人数	百分比（％）	指标	类别属性	人数	百分比（％）
受教育程度	大一	413	21.1	政治面貌	群众	76	3.9
	大二	457	23.3		民主党派	10	0.5
	大三	657	33.5		共青团员	1 347	68.7
	大四	169	8.6		党员（预备）	528	26.8
	硕士	243	12.4	学生工作（多个职务填职位最高者）	校外组织	71	3.6
	博士生	22	1.1		校级组织	507	25.9
民族	少数民族	278	14.2		院级组织	776	39.6
	汉族	1 683	85.8		无此类经历	607	30.7

注：少量被调查者未填写个人信息，但不会对本次研究结果造成影响。

3. 研究思路与方法

本书使用的问卷由"被调查者身份信息"、"参与度量表"、"具体细节调查"三个部分组成，但这里主要对量表数据进行分析。数据分析共分为五步：第一步，通过科隆巴赫系数检验、KMO 检验和 Bartlett 球度检验 3 个方法评估量表的可信度与结构效度；第二步，用因子分析法重新提取出 5 个因子进行命名，根据因子得分和方差贡献率计算 7 所大学的参与度总得分及排序；第三步，在因子分析法所得到的新评价体系基础上，采用层次分析法对 7 所大学计算参与度总得分及排序，对两次排序的结果进行对比和考察；第四步，采用模糊综合评价方法得到每个大学 5 个因子上的不同得分排名；第五步，对分因子得分与总得分的关系进行分析，从而研究 7 所大学中学生组织参与度存在差异的原因。

二、基于因子分析法的参与度评价

运用因子分析法（Principal Factor Analysis）之前需要对量表进行信度与效度分析。用"科隆巴赫系数（Cronbach Alpha）"对 1 961 份"参与度量表"的数据做可信度检验，同时对 26 个变量进行"KMO 检验"和"Bartlett 球度检验"。检验结果如表 5 - 2 所示：α 系数为 0.9172，说明量表内部的一致性很好，数据的可信度很高；KMO 值为 0.932，Bartlett 球度检验近似卡方值为 20 014.928，显著性概率为 0.00 < 0.01，这充分说明量表结构效度好，设计合理且适宜对数据开展因子分析。

表 5 - 2 **KMO and Bartlett's Test**

Kaiser – Meyer – Olkin Measure of Sampling Adequacy		0.932
Bartlett's Test of Sphericity	Approx. Chi – Square	20 014.928
	df	231
	Sig.	0.000

在调查前参与度量表的设计阶段，26 个变量被主观划分成了 5 个评价维度，由此直接构建"大学治理中学生组织参与度的评价量表"的评价体系可能会存在二三级指标不匹配、信息重复收集等问题。因此，需要在问卷调查完成以后用因子分析法重建评价体系，即按相关性大小把变量分组，作为三级指标，每组代表一个公共因子作为二级指标，从而构建更加科学、客观的指标评价体系。通过最大方差旋转法做正交旋转，剔除掉负荷值较小的测量变量，共选出 5 个公共因子，且总方差贡献率为 61.636%，> 60%，说明 5 个因子总解释力较好。表 5 - 3 列示了因子分析结果。

表 5 - 3 **因子分析结果**

因子	题号	因子命名	特征值	方差贡献率（%）
F1	20 ~ 26	大学治理结构发展水平	4.459	20.269
F2	14 ~ 19	沟通程度	3.411	15.505

续表

因子	题号	因子命名	特征值	方差贡献率（%）
F3	8～11	环境平等性水平	2.458	11.174
F4	3～5	学生政治素养	1.993	9.059
F5	6、13	学生实践活动	1.238	5.629

因子分析法从"参与度量表"中提取出了 5 个公共因子，在 4 个变量由于信息重叠等原因被剔除之后，其余 22 个变量被分成了 5 个组内相关性较强、组间相关性很弱的组，从而可以把 5 个公共因子作为二级指标，22 个变量作为三级指标建立新指标评价体系，如图 5 - 1 所示，同时得到包含新的 5 个分量表及22 个变量的"参与度量表"。

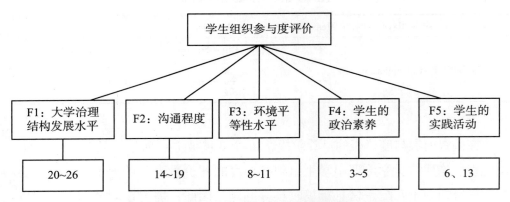

图 5 -1　经因子分析重建后的新评价指标体系

在此基础上，对 7 所高校大学治理中学生组织的参与度进行了评分和排序（见表 5 -4）。使用 SPSS 可求出 5 个因子的方差贡献率（见表 5 - 3），及 1961份有效问卷的 5 个因子得分，用 fac_1，fac_2，fac_3，fac_4，fac_5 表示，由此得到 7 所大学参与度总得分的计算公式，见式（5.1）所示。根据式（5.1）计算出 7 所大学学生组织参与大学治理的总得分并排序，结果如表 5 -4 所示。

$$Score = \frac{1}{n}\sum_{i=1}^{n}\frac{\begin{matrix}20.269fac\_1_i + 15.505fac\_2_i + 11.174fac\_3_i + \\ 9.059fac\_4_i + 5.629fac\_5_i\end{matrix}}{61.636} \tag{5.1}$$

公式中字母 n 表示该大学的有效问卷份数。

表 5 - 4　　　　因子分析法下 7 所高校的总得分与排序

总评分与排序	WQ 大学	ZN 大学	HJ 学院	AK 大学	HS 大学	ZM 大学	WF 大学
总评分	0.0697	0.0663	0.0500	0.0046	0.0457	- 0.0237	- 0.0362
排序	1	2	3	4	5	6	7

三、基于层次分析法的参与度评价

为了使评价结果的可信度更高，在图 5 - 1 所示的新指标评价体系上使用层次分析法（AHP）再次对 7 所高校大学治理中学生组织的参与度进行评分和排序。为了获得准则层 5 个因素的相对重要性，作者以电子邮件形式征询了某"211"大学的公共管理学院、哲学院、法学院部分副高级职称以上教师的意见，据此构造了第二层准则层因素的两两比较判别矩阵，如图 5 - 2 所列示。但是第三层方案层的影响因素众多且重要性彼此相似，所以将方案层因素对准则层的权重设定为相等，不再单独建立判别矩阵。

$$
\begin{bmatrix}
1 & 5 & 3 & 1 & \frac{1}{2} \\
\frac{1}{5} & 1 & \frac{1}{3} & \frac{1}{5} & \frac{1}{7} \\
\frac{1}{3} & 3 & 1 & \frac{1}{4} & \frac{1}{5} \\
1 & 6 & 4 & 1 & \frac{1}{2} \\
2 & 7 & 5 & 2 & 1
\end{bmatrix}
$$

图 5 - 2　准则层对目标层的判断矩阵

该判断矩阵的一致性比率 CR = 0.0207 < 0.1，即通过了一致性检验。同时，利用 Matlab 软件可得到权重向量为 $w^{(2)}$ = （0.2243，0.438，0.0849，0.2409，0.4060）^{T}，它反映了新评价体系中 5 个因子的相对重要性情况。在此基础上，利用层次分析法 AHP 对 7 所高校大学治理中学生组织的参与度再次进行了评分和排序，具体公式如式（5.2）所示。

$$\text{Score} = \frac{1}{n}\sum_{i=1}^{n}\left(\frac{\sum_{j=1}^{8}C_{ij}}{8}\times w_1 + \frac{\sum_{j=9}^{12}C_{ij}}{4}\times w_2 + \frac{\sum_{j=13}^{18}C_{ij}}{6}\times w_3\right.$$

$$\left. + \frac{\sum_{j=19}^{25}C_{ij}}{7}\times w_4 + \frac{\sum_{j=26}^{28}C_{ij}}{3}\times w_5\right) \tag{5.2}$$

公式 5.2 中的字母 n 表示该大学的有效问卷份数；$\frac{\sum_{j=1}^{8}C_{ij}}{8}\cdots\cdots\frac{\sum_{j=26}^{28}C_{ij}}{3}$ 分别计算了准则层中 5 个因子的平均得分，在此基础上可以计算各高校的总评分。表 5-5 是层次分析法下 7 所高校大学治理中学生组织参与度的总得分及排序。

表 5-5　　　　　　　层次分析法下 7 所高校的总得分与排序

总评分与排序	WQ 大学	ZN 大学	HJ 学院	AK 大学	HS 大学	ZM 大学	WF 大学
总评分	4.669	4.668	4.666	4.626	4.577	4.539	4.495
排序	1	2	3	4	5	6	7

在引入主观权重后 AHP 法与因子分析在 7 所大学的总评分上得到了相同的排序，这说明：新评价体系在舍弃了部分重复指标后满足了主观评价方法下与客观评价方法下评价结果的高度一致性，上述排序结果可信度高。新指标体系可以在更少的数据收集成本预算内达到同样的评价效果，使评价有更高的经济效率。

从学生组织参与度总得分的结果来看，WQ 大学与 AK 大学分列第 1 名和第 4 名，本科院校 HJ 学院成为此次评价的"黑马"，超过另外两所 211 高校取得第 3 名，而同为一、二本兼收院校的 WF 大学却名列第 7。ZM 大学作为民族类院校取得了第 6 名的成绩，ZN 大学凭借其独特部门专门委员会而取得第 2 的成绩。上述排名验证了 7 所高校大学治理中学生组织参与度的差异并不是全由该学校的层次、优势学科、学生属性决定的，而包含更深层次的原因。为了深入探究不同大学中学生组织参与度存在差异的直接原因，本书还运用了模糊综合评价法继续对数据进行分析。

四、基于模糊综合评价法的分维度评价

利用因子分析和层次分析法虽然可以对学生组织参与度的总体情况进行评价，但对于参与度存在差别的原因却未能进行解释。总分的差异可以从 5 个评价维度上的发展水平差异上寻找原因，故本章将进一步采用模糊综合评价法分析 7 所样本高校在 5 个评价维度上的发展情况。以 WF 大学的环境平等水平 F_3 为例，介绍该方法的实施步骤：

（1）划分因素子集。首先将"参与度量表"测量的所有 22 个变量归为总因素集 U，然后按因子 $F_1 - F_5$ 将 U 分成 5 个因素子集 $U_1 - U_5$，并将因子 F_i 所包含的变量对应纳入到 U_i 子集当中。

（2）以 F_3 为例构建模糊评价矩阵。本章直接利用量表内每个题目不同评分的频数百分比得出 F_3 的模糊评价矩阵 R_3：

$$R_3 = \begin{pmatrix} 7.9 & 6.5 & 16.2 & 30 & 20.9 & 13.4 & 5.1 \\ 5.1 & 6.9 & 15.2 & 24.2 & 27.7 & 19.5 & 6.5 \\ 1.8 & 4.7 & 6.5 & 21.7 & 14.1 & 28.9 & 22.4 \\ 7.6 & 5.1 & 14.8 & 18.4 & 26.4 & 18.4 & 9.4 \end{pmatrix}$$

（3）确定因素子集权重。在新评价体系中方案层每个因素都有同等的量值，由于题目之间的构建没有偏差，U_i 子集内各因素的权重相等，即 $A_3 = (1/4, 1/4, 1/4, 1/4)$。

（4）模糊综合评价。将综合评价矩阵 R_3 与模糊子集 A_3 进行模糊合成运算，可得模糊综合评价集 $B_3 = A_3 \cdot R_3 = (5.6\quad 5.8\quad 13.175\quad 23.575\quad 21.025\quad 20.05\quad 10.85)$。它表示在 WF 大学环境平等水平（$F_3$）上，学生认可级别的比例为："完全认同"10.85%，"大部分认同"20.05%，"比较认同，但部分反对"21.025%，"中立，认同与反对比例对等"23.575%，"少部分认同，但大部分反对"13.175%，"绝大部分反对"5.8%，"完全反对"5.6%。对分数加权平均可得在学校环境平等水平（F_3）因素上的平均态度趋势处于 4.52，即中立略微偏认可的态度。类似可得出每所大学每个因素集，即评价维度下的平均态度趋势得分与排名，如表 5 - 6 所示。

表 5 - 6　　　　　　　　**7 所大学在 5 个维度上的平均态度趋势**

维度	WQ 大学	ZN 大学	HJ 学院	AK 大学	HS 大学	ZM 大学	WF 大学
大学治理结构发展水平	4.63（2）	4.68（1）	4.59（5）	4.59（4）	4.60（3）	4.53（6）	4.35（7）
沟通程度	4.70（2）	4.70（1）	4.65（3）	4.54（4）	4.32（6）	4.36（5）	4.13（7）
环境平等水平	4.90（2）	4.96（1）	4.76（5）	4.87（3）	4.72（6）	4.79（4）	4.52（7）
学生政治素养	4.84（2）	4.73（4）	4.69（5）	4.61（7）	4.75（3）	4.68（6）	4.93（1）
学生实践活动	3.48（1）	3.14（7）	3.22（3）	3.30（2）	3.20（6）	3.22（4）	3.21（5）

注：括号里是大学在该列的评价维度下的排名情况。

从表 5 - 6 中可以看出，总评分为第 1 名的 WQ 大学，它的"学生实践活动"评分为第 1 名，其他 4 个维度上均取得了第 2 名的好成绩；总评分为第 2 名的 ZN 大学，在"大学民主治理结构系统化水平"、"沟通程度"、"环境平等性水平"上均为第 1 名，但"学生政治素养"评价仅列第 4，"学生的实践活动"上的满意度很低，评分列第 7；HJ 大学总分为第 3 名，在"沟通程度"、"学生实践活动"方面评价列第 3 名，其他 3 个维度评分排名第 5；AK 大学总分第 4 名，"学生实践活动"评价列第 2，获得了较高的满意度，但"学生政治素养"名列第 7；HS 大学总分第 5 名，在"大学民主治理结构系统化水平"、"学生政治素养"方面的评分列第 3 名，其余均列第 6 名；ZM 大学总分第 6 名，其各项评分均在第 4 以下；WF 大学总分第 7 名，除了在"学生政治素养"上的排名第 1，"学生实践活动"方面排名第 5 以外，其余三个维度均排名第 7。该结果较好地显示了样本高校总得分存在差异的直接原因，但是尚未与学校中学生组织参与模式的具体情况结合分析，从而明确总得分存在差异的根本原因。下面对武汉市的总体情况和部分样本高校的情况进行了案例分析讨论，有助于了解这一问题。但若要对某一个样本高校进行更加细致的观察，则必须依靠个案调查的方法。

五、案例分析

针对量化评估中未能涉及的问题，可以采用案例分析的方法继续讨论。本部分首先描述武汉市的总体发展水平，然后再针对量化评估中的部分样本高校进行案例分析。

1. 武汉市的总体水平

图 5 - 3 是"参与度量表"收集的所有测量变量评分的总分布图，其均值为 4.5，即介于"中立"和"比较认同，但部分反对"的两种观点之间。另外，由于样本高校对武汉市一、二本院校的代表性较好，故可以将样本高校大学治理中的学生组织参与度水平近似作为武汉市大学治理的平均发展水平。这说明武汉市大学生对于当前学生组织参与大学治理的情况持"较满意"的态度，整体情况并不是很乐观。

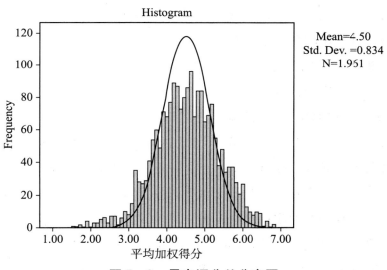

图 5 - 3　量表评分总分布图

利用模糊综合评价法和最大隶属原则同样可以求得样本高校学生的整体态度趋势，从而代表武汉地区大学的整体水平。研究分析：环境平等水平为 6 阶段、沟通程度为 4 阶段、治理结构水平为 4 阶段、学生的政治素养为 4 阶段，而学生实践仅处于 2 阶段①。即武汉地区大学的校园环境非常平等，学生政治素养、大学治理结构、学生与学校的沟通程度都有较好的发展，但在参与大学治

① 1~7 阶段分别表示"完全反对"、"绝大部分反对"、"少部分认同，但大部分反对"、"中立，认同与反对比例对等"、"比较认同，但部分反对"、"大部分认同"、"完全认同"。

理的民主实践上发展比较缓慢，这成为学生组织参与大学治理的阻碍因素。武汉市汇聚了我国中部地区最丰富的高等教育资源，包含了"211"院校7所，"985"院校2所。110万在校大学生在武汉市求学，形成了武汉高等教育发展的集群优势。对于大学治理的效果问题，不同高校采取了多样化的措施，导致了差异化的结果。在此背景下，如果武汉市在统一层面上推动全市高校加强相关经验借鉴，则可使高校相互学习、优势互补，实现学生组织参与大学治理的进一步发展。

2. 典型院校的案例分析

进一步选取评分排名前三的 WQ 大学、ZN 大学及 HJ 学院，对其在大学治理方面的政策措施进行了摸底调查，开展具体的案例分析。分析发现，"学校主导＋学生参与＋专家判断"的模式在评分较高的学校实践中有明显体现，这种模式对于提高学生组织参与度有重要意义。

在学校推动下，ZN 大学建立了以"提案—对接—反馈"模式为核心的学生专门委员会，广开渠道，提高学生表达意见建议的积极性。学生专门委员会下设生活服务、学术创新、学务管理、创业实践、安全自律、文体活动、民族事务、首义校区委员会 8 个专门委员会，分别负责与学校不同职能部门和院系协同处理学生提案。各专门委员会设立主任 1 名，副主任 5～6 名，委员约 20 名，由各院具有学生代表资格的学生干部或普通学生构成。对接是专门委员会的基本工作机制，具体是主动收集学生的提案、建议，在归并、整理、公示后递交给学校的相关职能部门，与负责领导协商解决，再将答复向提案人和全校学生公布。专门委员会每周均进行提案收集和对接，每个月度发布提案工作报告，每年与学校所有二级单位进行一次大型的"重要提案对接会"。在对接会上，由校长监督，提案对应单位负责人逐一回答各类问题。在学校支持下该学生组织有序地推动了学生自下而上表达个人意见，并且对学校校务决策方式产生了重要的影响，形成了较强的参与效果。该学生组织把给予每个学生参与大学治理的机会作为核心目标，促进学生、学校间的沟通，反映了学校推动学生参与大学治理的努力，在评估中表现为 F1、F2、F3 三个维度的分数较高。同时，该校调动了全校的职能部门、二级院系接纳学生参与校园建设，也达到了较好的效果，该校总得分排名第 2。虽然这种学生组织形式具有一定的创新性与示范意义，但 ZN 大学在"学生政治素养"、"学生实践活动"两个维度上的排名较为靠后，这说明随着 ZN 大学的学生在参与大学治理中开阔了视野、提高了参与要求，但对于自身所具备的参政议政能力和举办的相关活动并不满意。上述两方面将是 ZN 大学努力推动的重点方向。此外，ZN 大学近年建立了青年研究中心，专门设立课题组针对学生组织参与大学治理展开研究，注重将研究成果及时应用到相关实践之中，未来预期会收获更好的效果。

WQ 大学没有对权力结构进行重大变革，但建立了一种学生参与范围比较合理、信息沟通及时、主体互相平等的治理结构，在评估中表现为 F1 分数高。WQ 大学的青年研究中心专门针对推动大学治理改革开展研究，从微观制度供给上为学生参与治理打开门路，推高了 F4 维度的评分。此外，WQ 大学与 HJ 学院均成立了学生会权益部以联系学生以及"学生事务与发展中心"以沟通学校的二级管理部门。两所高校的权益部都通过"校级品牌活动"扩大学生参与积极性（F2 分数高）；日常工作集中于学生生活学习的小事，保持与学生的沟通，保证了工作职能与能力相匹配（F5 分数高），不给予学生过高预期，使之符合学校治理体系的发展情况。在 7 所大学中，WQ 大学的学生会微博粉丝数最多，该大学开发了校园信息平台 APP"青梅"搭建与学生沟通的新媒体渠道；"敢于为同学说话，甘于为同学服务"是 HJ 学院学生会微博的简介，"权系你我，益在大家"作为其权益部宣传的有力口号。善用新媒体等多种形式与学生沟通是两所高校获得优秀评价的一个创新因素。

第二节 个案调查法及其实例

"个案调查法"是和"多维分层指标评估法"完全不同的一种评估方法，但两种方法之间有较好的互补作用。具体而言，多维分层指标评估法可以对大学治理中学生组织参与度的总体情况以及在不同评价维度上的情况进行评估，但是量化评估对数据结构的要求比较高，处理方法比较复杂，且不能对评分差异进行清晰的解读。相比之下，个案调查法的调查目的更加灵活，可以满足学校在评估过程中更多样化的具体需求，同时结合学校实施的政策措施，全方位解读相对优秀的样本高校发展较好的原因。比如在本部分的两个实例中，分别利用问卷、访谈、资料收集等方式针对"大学治理不同参与途径之效果的比较"、"影响学生参与意愿的因素"、"学校行政管理人员和普通学生对学生组织参与大学治理的态度"、"学校行政管理人员和普通学生对学生组织参与形式的评价"等问题完成了研究过程。以一个或者一类典型案例作为研究对象并开展个案调查，不仅能摸清研究对象的真实状况，还在一定程度上为普遍性问题提供规律性的解答。

一、对某学生组织的个案调查

1. 研究设计与样本

在针对武汉市 7 所大学进行调查时发现，ZN 大学学生专门委员会对该校推动学生参与大学治理作出了较大贡献，为了进一步了解 ZN 大学行政管理人员和普通学生对学生专门委员会参与大学治理的态度以及对学生专门委员会的评价，本书专门针对该校进行了个案调查研究。数据收集的方法是问卷结合访谈。

调查分为两步。第一步，对学生专门委员会的提案、制度、工作简报等进行研究，在此基础上设计问卷，同时将调查对象锁定为普通学生与管理人员两种。其中管理人员包括学校职能部门的负责人、一般行政管理人员、学生干部三类。第二步，发放调查问卷。针对普通学生采取的是"路遇式问卷调查方法"，在 ZN 大学人流量较大的图书馆、教学楼等处发放了问卷；针对管理人员中的学生干部，在学生组织驻点值班期间发放了问卷进行调查；针对管理人员中的学校职能部门的负责人，以《ZN 大学年鉴（2014 版）》中"党政机关、群团组织等的负责人名单一览表"为基础进行了随机抽样，结合专门委员会工作中实际接触到的职能部门情况，确定被调查的负责人；针对管理人员中的一般行政管理人员，则是在调查职能部门负责人时，直接对其所在单位的行政管理人员开展了问卷调查。

在调查过程中，保证有效问卷的回收总数量为 200 份，对无效问卷进行了回访；同时控制男女受访者比例基本平衡，普通学生的调查人数为 100 人，管理人员的调查总人数为 100 人。以上是为了完成调查进行控制的结果，最终样本包含了106名女性受访者和94名男性受访者。表5-7统计了不同身份的被调查者的人数及比例。此次调研首先要保证普通学生占主体部分，同时兼顾了管理人员的岗位多样性，这有助于提高调查结果的科学性与精准性。

表5-7 样本职务比例

职务	人数	百分比（%）
职能部门负责人	18	9
一般行政管理人员	62	31
学生干部	20	10
普通学生	100	50

2. 管理人员对ZN大学学生专委会参与模式的评价

问卷在3个维度上进行了考察，每个维度上设计了4道选择题来侦测管理者的态度。第一个维度从四个方面描述了学生专门委员会的工作，如果被调查者在四个方面都满意，则在表5-8中记为"很满意"；如果四个方面都不满意，则记为"非常不满意"。第二个维度针对大学治理理论提出了四个问题，如果都答对则记为"完全了解"，都答错则记为"完全不了解"。第三个维度给出了大学治理中的四个情景，如果认为四个情景中管理者面对学生时都占优势，则管理者处于绝对优势地位；认为都占劣势，则处于管理者绝对劣势地位。

表5-8 管理者对学生参与大学治理的态度

调查项目		人数	百分比（%）
管理者对学生组织参与大学治理的满意程度	非常不满意	0	0
	没什么感觉	34	34
	比较满意	53	53
	很满意	13	13
管理者对大学治理的认知程度	完全不了解	6	6
	不太了解	42	42
	了解	31	31
	完全了解	21	21

调查项目		人数	百分比（%）
管理者在大学治理中占据的相对地位	非常劣势	6	6
	比较劣势	10	10
	比较优势	33	33
	非常优势	51	51

结果显示，管理者对于学生专门委员会参与大学治理的工作比较满意，但在提案质量等方面还有改进的空间；近一半的管理人员对大学治理的了解不够；管理人员认为与学生交流的过程中，自身拥有信息、权力等方面的优势地位。这说明学生组织在工作中应该面向管理者加强有关大学治理与学生参与的理念宣传，采用灵活多样的形式促进管理者观念进一步转变；同时，加强对提案真实性与普遍性的调查与核实。

3. 普通学生对 ZN 大学学生专委会参与模式的评价

针对普通学生的看法，从三个维度上进行了衡量。首先，设计了四个问题侦测学生有无主动参与的意识和经历。其次，调查了四种参与途径中最有效的途径。最后，给出了大学治理中的四个情景，假如认为四个情景中学生面对管理时都占优势，则学生处于绝对优势地位；认为都占劣势，则处于学生绝对劣势地位。调研结果如表 5 – 9 所示。

表 5 – 9　　　　　　　普通学生对学生参与大学治理的态度

调查项目		人数	百分比（%）
学生主动参与的意识与经历	参与意愿强、有经历	14	14
	参与意愿强、无经历	36	36
	参与意愿弱、有经历	20	20
	参与意愿弱、无经历	30	30
大学治理的参与途径	专门委员会收集	28	28
	直接联系学校部门	3	3
	网络平台提案	62	62
	直接向校领导投诉	7	7

调查项目		人数	百分比（%）
学生在大学治理中占据的相对地位	非常劣势	32	32
	比较劣势	34	34
	比较优势	23	23
	非常优势	11	11

　　结果显示，大部分学生还没有参与过大学治理的具体实践环节，但是更多人存在参与大学治理的内在需求与意愿，这提醒学生专门委员会在加强有关学生责任意识和参与意识宣传的同时，应该扩大对学生参与渠道的宣传，并提供更简单的参与途径。网络提案的方式已经成为非常重要的收集意见渠道，学生专门委员会及其网络提案渠道成为学生参与大学治理未来的最主要途径。与针对管理人员的调查结论一致的是，普通学生也认为在交流中学生处于劣势地位。

　　4. 访谈调查

　　访谈是个案调查法的关键步骤，能对问卷形成良好补充。在完成问卷调查后，对 ZN 大学学生专门委员会的学生干部和学生进行了一对一访谈，加深了对该校学生组织参与大学治理情况的了解。本部分以对一位学生干部和一位普通学生的访谈记录为例说明访谈的作用。从中可以看出，两位学生对 ZN 大学中大学治理状况的感受完全不同，学生干部由于参与经历比较多，对于大学治理的理解更加准确，认为学校内参与大学治理的途径很丰富，学生能比较有效地参与大学治理；但普通学生认为，老师对学生的管理很严格，学生很少有机会表达个人意见，对学生参与大学治理持悲观态度，其中的原因值得深思。

　　（1）对学生干部的访谈。

　　问题 1：你对大学治理的理解是什么？

　　答：我的理解是大学生能自主管理关于我们学生自己的事务，这样又能替老师们分担责任，又能实施我们学生自己的权利，可以将我们学校自己的内部事务处理得更好，在我们不触犯教务部和学校的相关规定的情况下，一些制度的细则问题或者学校正面临的新问题可以由我们自己来制定，最后我们可以同学校的相关部门对接反映，再进行协商与完善。

问题 2：您认为学生应该参与哪些方面的管理？现在有哪些途径参与？

答：校园建设方面我们可能管不到，但例如一些奖学金细则的规定我们可以开会研究讨论。有很多途径，比如在专门委员会里，我们平时负责很多校园建设方面的提案，经常与有关职能部门进行对接，可以自己提意见直接向部门负责人反映。其实主要是学生要真正关心大学治理与校园民主管理，只要积极参与，途径是很多的。

（2）对普通学生的访谈。

问题：你们在平时的生活中有参与校园民主管理的活动吗？

答：我印象中并没有很多，我只是在我们院了解一点，在我们学院的学生组织中，我们也是经常听从团委指导老师的安排，我们自己的点子只有很好很新颖才会被老师采纳，一般还是以老师的想法为主，也许这样老师才不会觉得乱。我们也有每年一次的交谊舞大赛，活动的整个过程虽然是我们学院在统筹，但是细节部分还是我们自己在推动，平时训练也是我们自己安排，如遇到一些困难我们一般也会向学院反映的。

5. 结论与建议

根据问卷调查、访谈记录、文献资料的结果，可以总结出对 ZN 大学开展个案调查的结论：

第一，专门委员会在 ZN 大学学生参与大学治理中起到了很重要的作用，成为学生参与的重要渠道，获得了学生和老师的认可，但在具体工作层面上尚待改进之处，比如提案质量的把控、对普通学生参与途径的宣传覆盖方面。

第二，无论是管理人员还是普通学生，对于大学治理的理解还需加强。只有大学治理理念得到了普遍的了解和接受，才能形成推动学生组织参与大学治理的合力，学生在大学治理中的弱势地位才能有机会获得改变。学校的引导与支持在提高学生组织工作效果上具有重要作用。

第三，学生专门委员会直接与职能部门协同处理学生提案的方式，有效地解决了在其他学校学生会权益部履行职责时出现的科层制管理问题。减少了层层汇报、商议、审批带来的效率低下和形式主义，从而更好地为学生参与大学治理服务。

二、对某地区情况的个案调查

在本节第一部分有关"多维分层指标体系评估法"的介绍中，涉及武汉地区大学的评估实例，其调查问卷包含了被调查者身份信息、民主量表、具体细节调查三个部分，"多维分层指标体系评估法"主要利用了民主量表中的相关数据，充分利用调查问卷中具体细节调查部分的数据可以增加对武汉地区大学整体情况的了解，在此把武汉地区当作调查的对象进行个案分析。

开展地区性调查的步骤和针对一个高校开展调查有所不同。在对一个高校的调查中，按照调查目的不同应该精准设计调研方案，针对不同人群开展调查，相比之下，针对某一地区性调查可能则会比较粗略，以倾向性结论为主。本部分针对武汉市的地区调查主要以武汉市公办本科院校为主体进行研究，从 23 所公办本科院校中选取了 7 所高校作为研究对象，面对每一所大学中的普通学生展开调查。研究问题主要涉及学生参与大学治理的意愿、学生参与大学治理的组织形式等，同时，本节第一部分通过模糊综合评价法等的分析结论衡量了武汉地区学生组织参与大学的整体水平。

1. 学生参与大学治理的意愿

首先，问卷针对学生参与大学治理的意愿进行了调查，调查结果如图 5 – 4 所示。超过半数的学生愿意参与大学治理，明确表示不愿意参与大学治理学生不到 4%。这说明学生对参与大学治理抱有较高的积极性。原因可能是学生认识到了大学建设与自身学习生活的密切关系，从而产生了对大学发展的责任意识；亦可能是出于好奇心和对学生地位的担忧。较高的学生参与积极性是学生组织参与大学治理获得良好效果的前提基础，也证明建立和完善专门服务于大学治理的学生组织是相当必要的。

其次，构建不同参与群体下的学生参与意愿表。按照受教育程度、政治面貌、参与过的学生组织对被调查学生进行划分，可以观察到不同学生参与意愿的差别，如表 5 – 10 所示。

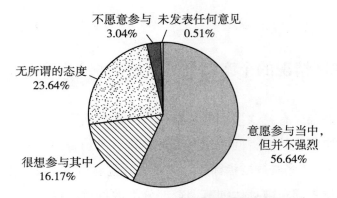

图 5 – 4　学生参与大学治理的意愿饼状图

表 5 – 10　　　　　　　　　　不同群体学生参与意愿表

项目	特征	A	B	C	D	项目	特征	A	B	C	D
受教育程度	大一	20.0	56.2	20.4	3.0	政治面貌	党员	19.0	59.8	19.0	1.9
	大二	14.8	58.8	23.1	2.9		团员	15.5	56.3	24.7	3.0
	大三	13.6	55.8	27.0	3.1		民主党派	10.0	40.0	40.0	10.0
	大四	17.9	54.2	23.2	4.8		群众	9.3	42.7	36.0	9.3
	研究生	18.1	56.4	22.2	2.5	学生组织	参加过	16.8	57.9	22.2	2.5
	博士生	18.8	68.8	12.5	0.0		未参加	14.8	53.7	26.9	4.4

　　注：A 代表参与意愿强烈；B 代表有一定参与意愿；C 代表无所谓；D 代表不愿意参与。表中每一行的百分比相加都等于1。

　　首先，不同受教育程度的学生参与意愿有差别。博士生研究生的参与意愿高于硕士研究生，研究生的参与意愿高于本科生，即随着受教育程度的增加，学生更乐于参与大学治理。在本科生中，大三年级学生明显比其他年级的学生低，或许是因为面临课业及毕业规划的压力因素所致。故而在推动学生参与大学治理的过程中，应该更多关心效率问题，采用省时省力的办法，少占用学生学习的时间。这符合类似研究的看法[1]。

　　其次，不同政治面貌的学生参与意愿有差别。党员及预备党员的参与意愿明显高于团员，团员的参与意愿则高于群众。具体来看，选择"强烈意愿"和

---

[1]　李芳、孙思栋、周巍：《学生组织的扁平化转型——基于学生参与大学治理的调查研究》，载《中国青年研究》2016 年第 12 期。

选择"有一定意愿"两部分的人数上都表现出了相同的趋势。这是因为党员接受的思想政治教育有助于培养他们对大学发展建设和代表学生行使权利的责任意识。就其本身而言，选择加入党组织的学生政治觉悟相对较高，对于政治性活动的参与意愿比普通学生更强。

再次，参加学生组织的经历对学生参与意愿形成了影响。参加过学生组织的学生明显更愿意参与大学治理。这是因为学生干部对于参加学生活动的认同感更强；也可能是获得了更多此方面的锻炼，更具责任心；还有，更相信参与大学治理可以对学校发展和学生权益获得发挥较大作用。

2. 学生参与大学治理的途径

问卷中还调查了参与大学治理的不同方式。如今，学生可以通过网络讨论、向团学等其他组织专门反映、学生代表大会和学校成立的相关部门等途径表达个人意见建议。图 5 - 5 显示，武汉地区大学中多种多样的参与途径都在学生参与大学治理中起到了相应作用。其中，学生组织、学校成立的有关部门、网络讨论是最主要依靠的参与途径，分别占学生认可效果最好途径的 22.1%、27.3%、22.3%。除了传统方式外，网络讨论等新媒体方式日益成为学生参与方式的首选。此外，由于学生代表大会的召开具有一定时效性，学生代表大会的参与途径并没有受到学生们的广泛认可，尚存较大的改进空间。网络空间是最为自由的空间，学生可以不受约束地表达想法，但是不真实信息和非理性情绪的散播在网上似乎更能博得眼球。相比之下，学生组织是学生有序、稳定参与

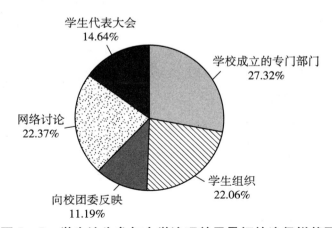

图 5 - 5　学生认为参与大学治理效果最好的途径饼状图

大学治理的渠道，代表学生妥善地反映意见、参与大学事务监督与决策，应该在大学治理中发挥更多的作用。学生组织在工作中必须要充分利用互联网的优势及时了解学生的需要，更好地为学生服务。

根据本章的实证分析得出的结论如下：本章主要运用两种方法对大学治理中学生组织的参与度进行评价，一是多维分层指标评估法，构建了评估体系与量表，在武汉 7 所高校开展了问卷调查和访谈，对数据采用因子分析法、层次分析法、模糊综合评价法等进行了处理，了解学生组织参与大学治理整体水平和五个评价维度的发展水平，利用样本高校对武汉地区大学的整体情况进行评价。二是个案调查法，针对某一学生组织的参与模式进行专门的个案研究，通过问卷调查、访谈、文档资料研究等方法进一步了解学校管理人员和普通学生对该学生组织参与大学治理的态度与评价。另外，针对某个地区同样可以开展个案调查。从相关结果中可以看出学生组织参与度较高的学校具备本书所提出的模式的显著特征。

第三节　扁平化参与式治理模式转型

由于学生组织参与大学治理涉及多重关系的处理和利益的协调，完全依托传统科层制的大学治理结构进行学生组织的参与治理，其价值和意义会大打折扣，而在无法对传统科层制进行改造的前提下，有必要对长期处于科层制体系下的学生组织进行扁平化的改革，即"去科层制"的改革，一方面，适应新时期新型大学治理模式的需要；另一方面，为未来构建科学有效的大学治理机制提供"创新沃土"。因此，本部分对相关问题进行了拓展性和可行性的探讨。

一些调查发现我国大学学生正面临着生活、经济、学习等方面的压力，如黄晟等人[1]在清华大学开展的调查。在大学决策中更多倾听学生的意见有助于缓和校内矛盾。本章第一节有关驱动因素分析的结论认为：学生组织的形式、内

---

[1]　黄晟、武晓峰、王孙禺：《高校研究生经济文化生活状况研究——基于清华大学的调研结果》，载《中国青年研究》2011 年第 1 期。

部机制建设和工作效率三个方面都是决定大学治理水平的关键因素。这意味着进一步丰富和完善学生组织形式、推动学生组织内部机制建设、提高学生组织工作绩效能够有效地推动学生组织参与大学治理，提高大学治理的发展水平。本节试图说明，实现学生组织改进、提高组织运行绩效的关键是推动其完成扁平化转型。

一、学生组织扁平化转型的分析框架

中央党的群团工作会议的新要求指出：必须建设更有活力、坚强有力的群团组织并使其成为国家治理体系、治理能力现代化的重要推动力。同时重点指出要解决其脱离群众的潜在危机问题。我国大学的学生群团组织包括共青团、学生会、社团及其他有特定活动目标的学生组织，这些学生组织在团结学生、管理学生和协助进行思想政治教育等方面发挥了重要作用。在传统理念下，学生组织的成员被称为学生干部，尤其是在共青团、学生会等有"官方背景"的组织中，他们被视为学生精英、骨干和管理人员，与普通学生群体在身份认同上存在着一定的差异，其深层次的原因是学生组织内部的科层化管理方式，基层群团组织的扁平化就是要按照中央精神，清除群团组织内部体制、思想、行事方式上的科层化因素，通过减少管理层级、更新服务理念、业务流程再造等举措使学生组织更加贴近学生、服务学生，回归组织初心。

"组织"是一个复合概念，在研究中，它的特征常借助于组织结构、组织目标、运行环境、运行绩效、内部文化等派生概念来界定。其中，组织目标是决定一个组织特征的关键要素。爱桑尼（Amitai Etzioni）[1] 认为组织是一个为特定目标而构建起来的人群；肯尼斯（Kenneth Ewart Boulding）[2] 指出，如果使组织得以建立的目标被认为无法实现时，组织将不复存在。除了目标外，组织的其他特征也存在着相互影响，霍尔（Richard H Hall）[3] 认为组织的运作环境、运行绩效和结构三个方面是彼此决定的。如果要从组织结构转型的角度认识学生组

---

[1]　Etzioni A. *Modern organizations*. Englewood Cliffs，N. J：Prentice‐Hall，1964，13.

[2]　Kenneth Ewart Boulding. *The Organizational Revolution：A study in the Ethics of Economic Organization*. New York：Harper & Brothers，1953，209.

[3]　霍尔：《组织：结构、过程及结果》，张友星译，上海财经大学出版社2003年版，第29页。

织，必须同时考查学生组织的运作环境和运行绩效，其中运行绩效决定了转型的驱动力，即只有面临绩效改善的可能，组织才有转型的动力；而运作环境则对组织转型的过程产生了影响——它决定了组织转型最终成功的可能性和困难程度。服务于大学治理首先成为学生组织的新目标，对学生组织的结构、内部文化提出了不同以往的要求。与此同时，学生与管理者之间的关系、学生的地位都发生了转变，这成为学生组织运行环境的重大变化。如果组织结构和内部文化不能良好地契合其目标实现的要求和外在环境的变化，组织的运行绩效必然会受到影响。

组织转型的含义类似于托马斯（Thomas Cummings）所定义的"组织变革"。他认为组织变革包含了两种情况：一种是同类单位的增加，规模的简单扩大；另一种是内部改革和剧烈变化，涉及观念、结构、行事方式等层面①。本部分研究的学生组织转型与后一种情况更相似。图 5－6 是学生组织转型的分析框架。学生组织绩效的提高是本部分研究最重要的目标，在这个框架中，运行绩效处于最核心的位置，受到四个因素的影响。运行环境、组织目标、组织结构、内部文化共同决定了运行绩效的高低，而组织结构与内部文化是不是在一个"稳态"上则部分取决于它们与组织目标、运作环境是否匹配，即只有四者之间相契合才能实现组织运行绩效的最大化。具体分析，在传统管理时期和大学治理时期，学生组织的运行环境和行动目标是不同的，因此产生了各具特色的组织结构、内部文化。在传统管理时期，学生组织是政策的执行机构，学生则是被管理者，由于学生组织发动和团结学生的目的在很多时候是更好地完成集体和领导交办的任务，从而形成了科层制的组织结构和内部文化。这种等级层叠、带有官僚架构特点的学生组织虽然能有效地保证权力意志自上而下得到严格落实，但只能构建一种信息单向流动的模式，无法满足大学治理的要求。在大学治理时期，学生是与校内其他群体平等的利益主体，一些学生组织则承担了服务学生参与大学治理的责任。在新的行动目标下，倾听学生意见、代表学生利益等职能使学生组织更像是站在学生群体角度促进信息向上流动，而不是依赖于威权管理的方式存在，这推动了组织结构与内部文化的转型。将大学治理作为学生组织转型的动力时，研究的对象不应划定为全部的学生组织，而是参与

---

① 托马斯·卡明斯、克里斯托弗·沃里：《组织发展与变革》，李剑锋等译，清华大学出版社 2003 年版，第 23 页。

大学治理的学生组织。

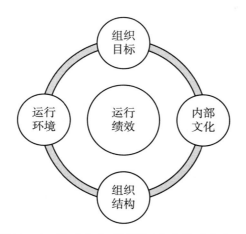

图 5 - 6 学生组织转型驱动力的分析框架

二、科层制学生组织与扁平化学生组织

科层制是我国大学行政管理组织的基本模式。在马克思·韦伯的科层理论中，科层制代表了行政管理组织具有高度理性、明确分工、服从于稳定的制度规章和严格的内部等级等特征，是法理性权威的代表①。这种行政管理形式在我国大学管理中发挥过巨大的作用。苏君阳②认为大学是由扁平化的专业组织和科层化的行政组织共同组成的机构，两种组织系统的分工不同。对于科层制在大学管理中的作用，姚加惠③认为我国大学实行科层制管理有很强的合理性，因为大学组织内部管理事务极为复杂，科层制在行政管理中对事务性工作建立了程序化、标准化的规程，严格服从于体制的科层制与大学倡导价值观多元化、分权治理等理念相悖；最终提出管理层级扁平化和管理重心下移等建议。莫玉婉④则进一步指出，今后科层制将依然是我国大学基本的管理模式，除大学事务日

① 马剑银：《现代法治、科层官僚制与"理性铁笼"——从韦伯的社会理论之法出发》，载《清华法学》2008 年第 2 期。
② 苏君阳：《我国学校内部组织管理：科层化与扁平化的冲突和协调》，载《北京师范大学学报：社会科学版》2010 年第 1 期。
③ 姚加惠：《现代大学的科层管理及其改造》，载《高等教育研究》2005 年第 6 期。
④ 莫玉婉：《大学科层制管理中的冲突与调适》，载《高校教育管理》2013 年第 1 期。

益复杂化的原因外，还由于社会组织存在着科层化的总趋势，这决定了大学管理的基本模式。虽然科层制存在着种种缺点，但肯定其在大学管理中的长期基础作用是学界在研究高校科层制相关问题时秉持的一种观点，这代表了科层制对大学管理理念和大学组织结构的深刻影响。

作为大学管理系统的一个组成部分，高校学生会等学生组织同样带有浓重的科层制组织特征。首先，体现在科层制的组织结构上。学生组织是学校与普通学生连接的桥梁与纽带，学校的政策决议很多都依赖学生组织进行传达落实。一个执行功能较强的组织有必要通过分层设科的方式保证上级决议的良好贯彻。以国内高校的学生会为例。学生会一般设立主席团，包括主席、副主席、秘书长，下设部长、副部长、干事等职务，但实际主导者往往是职能部门的管理者。不论是按学校统一安排组织工作或是自发组织活动，一般都会先由主管部门与主席团协商，再按部门分工、逐层交办，强调自上而下的执行力。其次，体现在科层制的内部观念上。在科层制影响下，学生组织与学生之间管理者与被管理者的角色成为主导关系，除了由于学生组织结构带来的不便外，学生干部把学生视为被管理对象的观念更是让位于服务学生的宗旨。类似的关系同样存在于学生组织内部的不同管理层级之间，加深了学生与学生组织、学生组织内部的认同感差异。

科层制学生组织与大学治理并不适应，必须实行扁平化转型。经过上述分析，为了适应大学管理体制对学生组织的定位而建立的科层制学生组织，的确阻碍了学生组织参与大学治理。首先，管理层级多使得学生的意见难以及时得到对接和反馈，在信息传递路径被延长的情况下，由学生向学校高层管理者的信息流动变得更加困难，其一体现在效率低下，即信息传递的及时性方面；其二体现在信息损失问题，即信息的真实性会打折扣。当学生成为参与学校管理的一类主体，大量的信息需要经过复杂的传递路径分类传达到学校的决策部门时，会对科层制的管理结构形成极大的反冲击。由于科层制的组织结构是金字塔型的，在最高层有一个单一的信息节点发出统一的指令，但在信息自下而上传递时，这个节点会成为工作效率的瓶颈甚至顽结，要突破这个弊端，就必须适应网格化的组织框架，扩大管理幅度，增加基层管理部门自主决策的权力，使原有的执行模块成长为一个具备决策职能的信息节点，使学生组织自下向上面对学校决策部门和职能部门建立多维信息连接渠道，就必须建立学生组织结构的扁平化。其次，一定程度的"官僚意识"破坏了学生组织与学生的身份认同，在原有的政策执行模式下，学生组织的成员在面对学生时是以管理者身份开展工作，容易产生官僚主义的倾向。大学治理作为学生组织运行的新环境要求学生组织建立起新的工作目标，即倾听学生意见、服务学生需求，只有在学生组织与学生之间建立起更加平等的关系，学生组织才能与学生建立起信赖关系，进而在更大程度上代表学生利益。此外，学生组织内部观念的扁平化转型还应该包括组织内部民主管理的思想，科层制的学生组织通过固定的规章制度和威权管理调配资源、管理成员，大学民主则要求在共同认可的原则下建立民主管理的新机制。这表明，管理权力要向基层部门下移，与普通学生直接接触，学生干部可以在具体事务上拥有更大的决策权限，同时能够参与关键性事务的讨论。学生组织扁平化转型是大学治理中运行环境和组织目标变动的结果，具体是组织结构和观念的变革，其转型的目标是让学生组织成为学生参与大学治理的最有效载体。

三、学生组织扁平化转型的实证分析

在湖北省开展的 12 所高校调查资料可以进一步说明科层制的大学组织与大学治理的不适应状况，论证学生组织扁平化转型有助于提高学生组织绩效，从而推动学生组织更好地参与大学治理。

1. 学生组织在推动学生参与大学治理中存在不足

第一，运用模糊综合评价法对第一轮调查的武汉 7 所学校进行评估发现，在每所样本高校中，相比于大学治理结构的发展水平，学生都对政治素养和环境平等性的评价更高。这说明，学生对"民主制度"较不满意，而"学生组织形式的完善程度"正是民主制度的代表变量。第二，图 5 - 7 显示学生通过学生组织提交意见后获得反馈的比例均在 50% 以下，行使建议权作为学生参与治理的主要手段并未得到保障。学生组织在由下而上传递学生意见方面做得还不够好。第三，根据被试者对调研问题"对学校政策与管理的不满之处，你曾选择过什么方式来应对？"以及"你认为效果最好的方式是什么？"的回答结果中发现，虽然有 38% 的学生曾尝试通过学生组织提交意见，但仅有 27% 的学生认为学生组织是效果最好的渠道；51%的学生认为当面反映、校长信箱等方式效果更好；22%的学生选择了网上讨论。这说明纵然在联系学生、落实提案等参与环节上学生组织具有一定先天优势，但仍未成为大部分学生眼中首选的渠道。

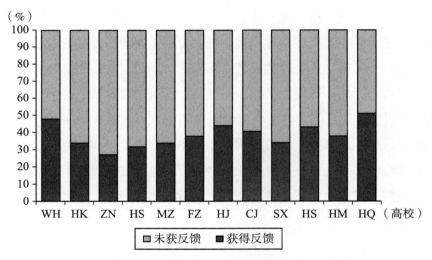

图 5-7　7 所样本高校中意见获得反馈的学生占比情况

2. 学生组织转型可以提升学生参与大学治理的效果

学生对参与大学治理抱有期待，加强制度优化可以提升参与效果。在调查中，大部分学生认为大学治理应由学生组织、教师、管理层共同主导，但同时认为当前学校管理中学生组织并没有发挥应有作用，这表明学生组织的地位与职能有较大提升空间。开放性问题还显示，学生会作为参与大学治理的最常见的学生组织，还存在着信息不公开、与学生沟通少、民主程度不足等弊端，亟待在扁平化转型中解决。

学生组织的扁平化转型有正向扩散效应。首先，在对学生组织参与大学治理的驱动因素分析时发现，决定学生组织参与效能的因素是民主制度，它不仅对代表参与效能的民主沟通指标有直接影响，同时还通过提高学生素养、促进平等性对绩效水平的提高产生作用。学生组织的绩效同时是民主制度的关键代表变量，故学生组织转型会在制度上促进大学治理制度的优化，在效果上多维促进学生组织参与效能的提高，从而产生正向的扩散效应。其次，学生干部参与大学治理的积极性较高，但在科层制学生组织下对学生的带动性不强，扁平化转型消弭了学生干部与学生间的割裂，学生干部将对普通学生参与大学治理形成更大的带动作用。最后，组织结构的扁平化转型赋予了基层学生干部更强的工作灵活性，有助于带动普通学生参与大学治理，通过采用方差分析法对样本数据进行分析发现，担任过学生干部的学生和普通学生在参与大学治理的意愿上存在显著性的差异，采用 Tamhane's T2 检验法分析发现，学生干部经历对学生参与的积极性有提升作用[1]。可见，扁平化转型存在着较大的"红利"。

---

[1]　李芳、孙思栋、周巍：《学生组织的扁平化转型——基于学生参与大学治理的调查研究》，载《中国青年研究》2016 年第 12 期。

第六章
国内外大学治理中的学生组织参与模式比较

大学内部治理结构的变迁过程反映出高等教育领域推进改革的进程，在分析内部治理结构的基础上分析学生参与实践有助于明确治理参与主体的权利制衡关系，对比国内外大学的内部治理情况有助于进一步梳理和理解我国下一步建设现代大学制度的方向和路径。在对国内学生组织不同参与模式实例进行实证研究和比较分析之后，本章继续在此基础上对大学治理模式及其中的学生组织参与模式进行国际比较和本土研究，一方面是对美国、加拿大、英国、法国、德国、日本等六个代表国家的大学治理模式以及美国和欧洲大学治理中代表性的学生组织参与模式进行梳理；另一方面是对我国建立现代大学至今的治理模式历史演变的三个发展阶段和六种学生组织参与治理模式进行总结。最后，在比较总结国内外大学治理特点的基础上，重点从"学校主导＋学生参与＋专家判断"三个方面对中国大学治理中学生组织的参与模式展开具体讨论。

第一节　国外大学治理中的学生组织实例

一、国外大学治理模式的历史变迁

大学治理是国外高等教育在实践中产生的创新，对我国现代大学的规划建设产生了一定的启示作用。对西方高校办学模式的借鉴也并非从近年才开始，一个多世纪以来，我国现代高等教育在诞生之初就受到了深刻影响。然而，在不断发展的过程中，本土传统文化、社会制度变迁又使得中国大学体现出了不同于西方大学治理理念的特征①，可以先对国外大学治理实践的主要模式进行研究，在此基础上研究中国大学的发展历程，从而为提出我国大学治理中的学生组织参与模式做好准备。

---

① 杨仲迎：《从"政策主导"到多元推动：学校教育本土化的思考》，载《教育理论与实践》2018年第25期。

1. 美国大学治理模式

美国共有超过 3 500 所大学和学院，其大学内部治理有两个鲜明的特点。第一个特点是董事会治理大学，这个传统从早期殖民地时期便得到了发展，比如1636 年成立的哈佛大学由全部校外人士组成的董事会形式进行管理。美国大学的管理机构是由董事会、教授会、管理部组成的，其中董事会是最重要的校内领导机构，负责制定大学的发展规划、人事和选举校长及对外联系。董事会主要是由校外人士组成，一般不介入具体的管理工作，许多权力在一般情况下会下放给校长，而校长的责任就是履行董事会的决策并告知董事会学校未来发展可能遇到的困难①。第二个特点是"共同治理"下的权力分享理念，校长等学校管理层、普通教职工、学生等都可以参与学校事务的决策。另外，随着美国的高等教育进入大众化阶段，经费等日益依赖政府支持，政府对大学治理的影响也有所加强。在共同治理的理念影响下，20 世纪 60 年代以后几乎所有大学的董事会都进行了调整，学生代表被吸纳进入董事会，原本只是通过教授会履行学术权力的教师开始参与财政预算、人事等事务的决策。"二战"以前获得加强的校长主导大学治理的权利再次被分散和削弱，大学与教师、学生之间形成了一种平等合作的关系，成为共同利益最大化目标下的合作者。

美国大学的共同治理理念在中国国内形成了广泛的影响。首先是学术权力应归属于教师、与行政权力进行分离的思想，该思想在近年来颁布的各类文件中不断得到提倡，学术委员会等机构作为校内学术权力的领导机构被支持发挥更大的作用。其次是在政府与学校之间建立伙伴关系而不是上下级隶属关系和引入第三方专业机构加强对大学的评价等理念，它们都在近年来的教育改革文件中得到了体现。最后是加强和落实教师、学生等群体参与校园事务决策的相关实践。总体上，作为一种提倡协商、平等、民主管理的现代大学治理理念，共同治理已经获得了广泛的认可。

2. 加拿大大学治理模式

1906 年，安大略省菲拉斐尔委员会对加拿大大学治理中大学办学自主权较小等问题作了详细报告，认为大学不应受政府权力的直接干预，建议借鉴美国

---

① Olscamp P J. *Moral leadership*：*Ethics and the college presidency*. Rowman & Littlefield，2003.

大学的模式建立新型大学①。随后多伦多大学皇家委员会颁布了《1906 年大学法案》从而规定了加拿大大学"两院制"的治理结构，省政府要停止对大学的直接控制，转而向大学董事会指派成员；董事会拥有统管财政、人事的权力，可以否决评议会的条令，同时也是学生诉讼的最高法庭。大学中设有评议会，作为学术决策组织，负责教务考务、学术管理等，校长作为评议会主席，是大学行政机构的领导者。大多数大学一直使用的都是上述治理结构，但有部分学校例外，比如多伦多大学采纳了一个机构负责大学全部管理事务的"一院制"。根据全国性调查显示，加拿大的董事会平均规模是 27 人，大部分成员至少曾经是该大学的学生，来自大学内的董事会成员数量约占 1/3，其他则来自商业、政府等其他部门。相比之下，评议会的规模则更大，平均约 60 人，基本都来自校内，其中约 1/4 是校内管理者，此外还包括普通教师、职工、学生等②。

加拿大的大学治理在理念和结构上受到了美国的影响，崇尚大学自主和学术自由，其治理结构中的董事会治理模式也借鉴了美国大学的经验。它强调责任和权力在所有利益相关者之间进行分配的思想也与"共同治理"有相通之处。另外，加拿大的每一所大学都颁布了大学章程，大学的治理结构在很大程度上由依照法律制定的章程来决定，从而形成了不同学校的特色与风格。

3. 英国大学治理模式

英国大学发展的起点是牛津大学和剑桥大学。自创立起，牛津大学的所有权就属于全体教员，13 世纪末教师更获得了选举校长的权力。1570 年《伊丽莎白法令》规定，学校行政领导由大学副校长与各院院长推选。两所大学由此形成了自治、自立、自足的制度。两校都是松散的学院联盟，学院有自己的领导机构和章程。牛津大学最高领导机构是全体高级教员会议，"七日理事会"是主要的行政机构。在此后的长期发展中，教师一直在英国高校管理中占据着主导地位。1978 年的《伦敦大学章程》规定理事会与评议会是伦敦大学最高权力机构，其中，理事会负责学校财务，评议会负责处理学术事务，其成员包括校长、

---

① 琼斯：《加拿大高等教育——不同体系与不同视角（扩展版）》，林荣日译，福建教育出版社 2007 年版，第 144 页。
② Jones G A, Shanahan T, Goyan P. The academic senate and university governance in Canada. *Canadian Journal of Higher Education*, 2004, 34（2）: 35 - 68.

教师代表等。1992 年议会通过的《继续教育与高等教育法》规定学校设立董事会和学术委员会，董事会成为学校在行政事务方面的最高领导机构，校外工商界人士在参与董事会事务方面获得了大力倡导。大学逐渐成为一个多种利益相关者共同管理的组织，教师、学生、校友、社会力量都获得了参与大学治理的畅通渠道。

英国的高等教育改革是通过政府支持新型大学建立而完成的。改革打破了传统大学垄断高等教育的局面[1]，原本未授权参与大学治理的主体逐渐获得了更多的参与权，学生和教师的地位更加突出。

4. 法国大学治理模式

与英国大学从创立之初便将教师作为最主要的治理主体不同，在法国的中世纪大学之中，学生和教师都是非常重要的治理主体。以巴黎大学为例，它主要包括民族团和院系两个层次的基层组织，大学评议会是最高的行政与立法机构。其中民族团是教师与学生合作建立的组织，它们可以选举学校的管理者或直接参与行政管理活动；评议会的成员则包括各院系的学生和教师，校长受评议会的委托行使一定的管理权限。1968 年《高等教育指导法》规定大学理事会为高校的最高决策机构，教师、学生、研究人员等均占有一定比例。1984 年《高等教育法》、1989 年《教育指导法》继续强调高校实行全体教职工、学生以及校外人士参与的民主管理体制[2]。教学与科研单位（相当于学院）的理事会改为"教学与研究单位委员会"，该机构应由不少于 40 人组成，20% ～ 25% 的成员由校外著名人士担任，学生、学术人员和行政人员平均分配剩下的席位，这表明学生在法国大学治理中的地位明显高于同时期的北美和英国。在 1990 年代以来的改革中，法国大学进一步表现出了加强校长权力的行政集权倾向，由校级理事会转化来的校务委员会成为最高的权力机构，校长负责主持校务委员会、学习与生活委员会、科学委员会的工作。

5. 德国大学治理模式

与美国许多大学由私人资助建立不一样，德国的大学通常由州政府建立、控制和资助，所以在历史上德国大学中与学术自由相伴的是政府的直接控制。

---

[1] 甘永涛：《英国大学治理结构的演变》，载《高等教育研究》2007 年第 9 期。
[2] 周继良：《法国大学内部治理结构：历史嬗变与价值追求——基于中世纪至 2013 年的分析》，载《教育研究》2015 年第 3 期。

政府作为大学的举办者和管理者拥有对学校重大事项、财务、人事的最终决定权，学校享有较少的自主权，但学者在治学上、学生在学习上却拥有相当大的自主权。比如校长一般由州政府选任，但在讲座制制度下，教授一般决定所有的教学活动。德国大学的教授是终身聘用制，权力很大，他们可以自由地决定教学内容、科研方向、研究生录取等。近年来，德国大学外部治理中出现了扩大大学自主权的趋势，与此同时内部治理体系建设进一步加强。1998 年《高等学校总纲法》颁布后出现了理事会的机构形式，它在一些学校中成为校内的最高决策机构而在另外一些学校中只作为荣誉职位而存在。理事会是一种多种利益相关群体的组织，以亚琛工业大学为例，按照北莱茵—韦斯特伐利亚州颁布的《高等教育自治法案》，该大学理事会共有 10 人，其中 7 人是来自工商业界和学术界的校外人士，其职责与美国的大学类似。原有的评议会作为学术管理机构和教授治校的载体，开始纳入学生和非学术成员，比如亚琛工业大学的评议会中教授、学术人员、非学术人员和学生的比例为 14∶4∶4∶4，增强了决策的民主性与广泛性。

6. 日本大学治理模式

日本大学治理状况的发展可以以 2004 年法人化改革作为界限分开论述。在改革前，政府直接参与大学管理。文部科学省作为大学的办学主体和管理者派驻行政管理人员，提供经费并决定大学教师数量、招生、教学科目等，校长由教职工投票选出并接受文部大臣任命。在行政管理体制上实行的是事务局、部、科、室的直线式管理模式。大学中设有评议会，其成员由校内选举产生，而在学部层次上教授会有较大的学术和人事权力。改革后，大学的自主权大大增加，文部科学省不再是大学的直接办学者。大学在人事聘用等方面有了更大的自主权，教师不再是终身聘用制。新设立了理事会、经营协议会和教育研究评议会等机构，理事会成为大学权力的核心，主要由校长和副校长组成；经营协议会成员主要由优秀的校外人士和校内管理人员共同担任；教育评议会则由教师等组成，负责决定关于教学、研究的事务①。

---

① Futao Huang. University governance in China and Japan: Major findings from national surveys. *International Journal of Educational Development*, 2018（63）：12 – 19.

二、美国大学治理中的学生评议会

在共同治理理念影响下，20 世纪 60 年代末美国高校纷纷建立了学生评议会，代表全校学生参与决策咨询和政策制定。学生评议会是一个按照学校章程建立的、由学生自筹经费组建的学生合作性组织，其设立的目的是鼓励学生参与大学治理，培养学生的责任意识和参与社会事务的综合能力。任何定期缴纳会费的在校学生都可以成为评议会成员。评议会负责组织在校生课外活动，参与和学生自身利益相关的事务决策，在组织结构中则不受任何机构的领导，但其工作范围需服从于董事会的授权权限。比如哥伦比亚大学的学生治理联合会负责建立学生、教师与行政人员之间的相互联系，共同发起学生活动；参与有关学生利益的事务决策工作，提升学生校园生活的质量；促进学生团结等[1]。寇平州立大学的学生评议会负责代表学生参与大学治理，与教师、学生和行政人员保持有效交流[2]。

学生评议会在履行职责的过程中承担了多重角色。首先是学生利益诉求的代言者角色。通过与学生保持密切联系综合学生的诉求、兴趣和利益相关事务决策的看法，并与负责学校管理的各级各类评议会展开对话，以从学生的角度影响决策的制定。其次是学校建设的服务者。学生评议会设有专门的联络人负责与董事会和校长联系；它有义务和责任向董事会提交年度工作报告、为有关学生事务的决策提供建议，并接受董事会和校长的问询。最后是参与决策者的角色。一方面，学生评议会通过组织活动等方式促进学生在一个开放的环境中参与大学治理；另一方面，许多大学的决策机构赋予了学生评议会投票权，允许他们代表学生直接参与各类校园事务决策。

芝加哥大学的学生评议会是一个比较典型的例子。《芝加哥大学学生联合会章程》规定，学生联合会由会议与执行委员会组成。会议是决策性机构，由经选举产生的 17 名来自本科生学院委员会的委员和 17 名来自研究生委员会的委员共同组成，按照学生数量等确定不同院系的委员席位。在会议下设立特别委员

---

① 　Student Senate. http：//eclipse. barnard. columbia. edu/sga，2012 - 04 - 02.
② 　Student Senate. http：//www. coppin. edu/sharedgovernance/student_life. asp#SS，2012 - 03 - 23.

会听取和解决来自学生、学生组织的问题。执行委员会共包含 7 人：学生联合会主席、行政副主席、学生生活副主席、本科生联系人、研究生联系人、学院委员会主席、研究生委员会主席，负责执行会议决议、代表学生联合会向学校呈报每个委员会对学校建设的意见等。每年春季学期，所有学生联合会成员将共同讨论、决定一份报告，包括大学生活与学习方面存在的问题与解决方案，学生联合会下属的各委员会和分会将在其中加入自己重点关注的问题与提议。可以看出，在美国的现代大学建设中，行政管理人员、普通教师和学生不再各自为政，而是采取交流合作的方式加强彼此的联系，正是这种观念上的转变促使大学的治理结构发生变化，进而建立起具体的治理制度，促进学生组织参与大学治理。

三、欧洲大学治理中的学生代表与学生组织

近年来，欧洲大学中学生参与大学治理的形式在不断丰富和发展。通过 1999 年发布的《博洛尼亚宣言》、2001 年发布的《布拉格公告》、2003 年发布的《柏林公告》、2007 年发布的《伦敦公告》，各签约国力促欧洲高等教育一体化的进程，欧洲国家的学生参与政策出现了更多的相似点，所以不妨把欧洲国家的学生组织参与大学治理情况放在一起讨论。值得一提的是，博洛尼亚进程涉及四十多个国家，历次教育部长会议都对学生参与进行了强调：2003 年柏林会议指出学生是高等教育治理全面合作的伙伴；2005 年卑尔根会议中呼吁要进一步促进学生的参与；2010 年布达佩斯会议承诺，全力支持教师和学生参与欧洲层面、国家和院校层面的决策机构[1]。

在国家层面上，除了许多欧洲国家以立法形式在全国范围内赋予学生参与大学治理的权利外，还有一些国家将学生纳入国家层面的高等教育管理机构。丹麦的《大学法》规定学生有权在大学的教师与学生委员会中参与各项评估；冰岛的《高等学校法》规定学生应该参与大学的管理，同时必须作为正式成员参加所有教育质量保障行动；瑞典的《高等教育条例》规定学生有权派代表参

---

[1] Budapest – Vienna Declaration on the European Higher Education Area. http：//www. ond. vlaanderen. be/hogeronderwijs/Bologna/2010_conference/documents/Budapest – Vienna_Declaration. pdf. 2012 – 01 – 16.

加大学中所有的决策与咨询机构。这意味着在欧洲的大部分高校中学生群体都是一支影响学校决策的重要力量。但在很多情况下，学生参与大学治理并不依赖于由学生组成的组织，而是通过学生代表入驻到权力机构中实现整个过程。这种状况在国家层面上有很多表现，比如作为意大利高等教育主管部门下属的三个委员会之一的全国大学委员会，它的14名成员中包含了8名学生代表，而另一个全国大学生委员会则全部由学生代表组成；法国规定国家高等教育研究委员会的60名成员中必须包含11名学生代表。而学生代表通常与学生组织具有天然联系，比如英国高等教育质量保证署的理事会中设立了一名学生代表，他需要与英国的两个全国性的学生组织"全国学生联合会"和"全国研究生联合会"定期会面，而这些全国性的学生组织与校内学生组织关系十分紧密。此外，学生组织在遴选学生代表和通过学生代表反映具体意见上也发挥了很大作用，在欧洲的大学治理中，学生组织和学生代表形成了各司其职、交流紧密的关系。

　　在学校层面上，学生代表与学生组织的关系表现得更为清晰，学生代表在一定程度上成为了学生组织影响学校决策的主要渠道。英国的大学中，学生代表是校务委员会和学术委员会的成员，拥有参与学校日常管理、发展规划制定等事项决策的权利。同时，由于委员会需要对学生代表针对校务发表的意见和建议予以考虑，学生组织产生的建议可以成为学生代表重要的意见来源。与此相对应，英国学生组织工作的重心之一是针对学校中与学生相关的事务提出合理建议，因此，学生代表成为学生组织对学校政策施加影响力的重要渠道。英国爱丁堡大学设立的学生理事会，让学生有阐发自己对于学生服务各方面看法的发言权。在法国，除了学生代表在校务委员会、校理事会等机构中占据一定数量席位外，学生还通过大学生活与学习委员会参与治理，这个委员会对与学生利益相关的事务拥有建议权。在德国的大学中，学生可以通过学生组织和学生代表两种形式参与治理。一方面，学生代表在在校务委员会内部占据了一定比例，可以达到三分之一左右；另一方面，一些与学生密切相关的事务则直接由学生组织负责决策，此类组织独立于学校的行政部门，自主行使管理权力。另外，德国、法国等发达国家大多有明确的法律条文规定保障学生的建议权、决策权，学生组织可以推选学生代表加入学校各项事务的决策机构和各类委员会①。

---

① 　蔡文伯、付娟：《学生参与大学管理的制度逻辑和模式选择》，载《复旦教育论坛》2016 年第 4 期。

总的来说，大学治理理念通过支持学生组织发展和推动学生有序参与大学事务决策，改变了传统高等教育的面貌。但是，由于现代大学已经成为深入参与社会的复杂整体，参与其发展建设的决策需要专业化的能力与远见卓识，再加之课业压力等原因，学生组织在大学治理中的作用一般是团结学生、参与决策而不是管理学生、主导决策，这是对学生组织参与大学治理的一个合理定位。

第二节　国内大学治理中的学生组织实例

一般性的印象中，我国大学长期以来都把学生视为管理的对象，学生并没有实质参与校务决策的机会，类似观点在很多旨在推动学生参与大学治理的文章中屡见不鲜。按照此类观点，我国的大学治理是从零开始，而国外的大学治理模式是高度发达的，那么就很容易产生盲目向西方学习的错误导向。上述观念形成的原因，一方面是由于国内针对学生组织参与大学治理的实证研究数量较少，缺少实地调研和抵近观察，导致对我国大学中学生组织参与大学治理的现状研究不够；另一方面，由于一种深切的希望，在看到中国大学与西方现代大学的差距后，研究者希望能通过震撼疾呼加速我国高等教育迅速与国际接轨。如果未能了解我国大学中学生组织参与治理的现状而盲目采取行动，可能会造成作用相反的结果，阻碍具有中国特色的学生组织参与模式的健康发展。本部分在梳理我国大学治理结构的变迁历史的基础上，将重点介绍国内一些大学中学生组织参与大学治理的情况，从而为分析提出中国特色的学生组织参与模式提供现实支撑。从总体上看，我国大学中参与大学治理的学生组织发展非常丰富，不仅包括类似于美国学生评议会的形式，也包括类似欧洲学生代表的形式。本书进一步针对全国重点大学进行了不完全摸查，共收集到了20所大学典型实例，此处按六个类别分别进行介绍。

一、我国大学治理模式的历史演变

从 1895 年天津中西学堂的创办开始，我国大学的治理模式历经百年发展演变。中国的大学发展之路不仅反映了百年以来国家与社会的兴衰变化，同时对我国的历史进程本身也产生了巨大的影响。近代大学建立时，中国正被列强打开国门、被迫开眼看世界，大学成为西学东渐的重要窗口；到"五四运动"时期，随着以马克思主义为代表的各种先进理论传入国内，大学成为新思想、新文化萌生和成长的重要土壤，大学里的教师与学生成为研究和宣传马克思主义的重要旗手；随着抗日战争的爆发，以西南联大为代表的师生专心治学、热血爱国的精神成为一代代学人共同缅怀的丰碑；新中国成立后，大学从各个方面支持了社会主义的建设；改革开放以来，我国的高等教育事业经历了长足发展，取得了巨大的成就。本部分将对我国大学的发展历程和不同时期的治理模式进行研究。

1. 1895～1911 年：清统治时期我国大学的治理模式

中国大学的诞生与起步阶段经历了一个从旧式官学到西式学校的发展过程，其中充满新学与旧学的交流，逐步由混乱走向有序。由于大学成立后必然会面临教育管理的任务，因此，办学方需要对大学的治理结构和制度等问题作出提前设定，而当时的大学普遍采取了国家官僚式的治理模式，协作和参与的思想则仅处于萌芽阶段。

1860 年的第二次鸦片战争催生了"洋务派"官员，他们为了拯救清王朝的封建统治，兴起了"中学为体、西学为用"的洋务运动，在各地开办了新式学堂，如京师同文馆、福州船政学堂、广东实学馆等，截至 1895 年此类学堂规模已经达到了 26 所。1895 年中日甲午战争失败后，康有为等人推动了维新变法运动，虽然在顽固的封建统治势力反攻下失败，但当时出现的天津中西学堂、京师大学堂等成为中国近代大学之始。与洋务运动时期不同，当时的新式学堂在教育内容上不仅涉及科学技术类的学科，同时侧重于西方政治文化的学习。1895 年盛宣怀创办的天津中西学堂是参照美国大学创办的中国第一所新式大学，维新派筹办的京师大学堂则是一所举全国之力创办的综合性最高学府。

清政府拟定的"壬寅学制"、"癸卯学制"使近代中国大学的发展有了明确的规章制度。《钦定学堂章程》规定的"壬寅学制"并没有实行，1904年《奏定学堂章程》规定的"癸卯学制"标志着中国近代高等教育制度的第一次建立。《钦定学堂章程》中对管理制度进行了规定：第五章规定大学堂设立管学大臣、总办等，管学大臣管理各级行政人员，同时根据各教习表现可以予以辞退；第六章规定设总教习一名，主持一切教育事宜，设副总教习两名，负责稽查中外教习及学生功课。以京师大学堂为例，1904年重建后设置了预备科和八个分科大学堂：经学、文学、政法、商科、医科、农科、工科和格致①。随着1905年专门管理教育事务的中央教育行政机构"学部"设立，全国渐次掀起了建立近代大学的热潮。

在当时的近代大学中，政府完全统治和管理了学校的一切事务，任命校内的一切职务。在这种直线管理机制下（见图6-1），教习（即教师）、学生完全处于被管理的状态，社会力量无法参与高校的管理。所以不管是从理念、结构还是从制度上看，这一时期大学治理的实现程度很低，但是从全国的教育管理制度和校内管理机制建立的情况看，中国大学获得了一定的发展，为之后扩大高校自主办学权和完善内部治理机制提供了一个起点。

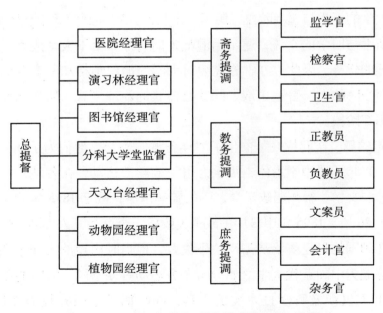

图6-1 京师大学堂"直线式"组织结构

---

① 朱有瓛：《中国近代学制史料（第二辑）（上）》，华东师范大学出版社1987年版，第817页。

2. 1912～1948 年：新中国成立前我国大学的治理模式

辛亥革命后，北洋政府和南京国民政府颁布的一系列教育法规促进了新中国成立前大学内部管理体制的完善，总的趋势是加强宏观管理，给予学校自主办学的权力，其中在抗日战争爆发后，政府加强了对大学的管理和控制。

1927 年以前，北洋政府出台的一系列教育法令为后续大学内部治理结构的完善提供了铺垫。1912 年 10 月颁布的《大学令》规定：大学设立校长和评议会，各学科设立学长和教授会，从而保证了大学教师参与行政和学术事务的权利。1917 年颁布的《修正大学令》虽然取消了各学科设教授会的规定，但该科的评议员可以自行决定是否需要开会审议有关事项。上述两令连同 1924 年颁布的《国立大学条例》打破了清末以来大学办学权受限于政府、行政与学术权力集于校领导的局面，初步建立了包含现代大学治理理念的内部治理机制，体现了近代大学"教授治校、学术自由"的观念。比较突出的是当时的北京大学和东南大学，它们在遵循相关规定的基础上对内部治理结构进行了变革。

1919 年，《国立北京大学内部组织试行章程》在北京大学评议会上获得通过，章程规定了评议会为全校最高立法与权力机构；设立行政会议、教务会议和总务处分别管理行政、学术和其他事务（见图 6-2）。东南大学则在更大程度上模仿了美国大学，其特色是设立董事会作为最高的立法与决策机构；在校长领导下设立评议会、教授会和行政委员会分管学校的各项事务（见图 6-3）。在

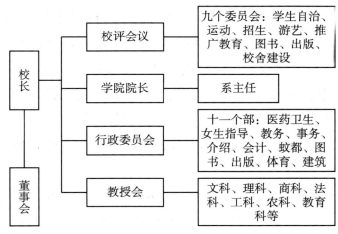

图 6-2　近代初期北京大学"两会制"内部治理结构

北京大学校长蔡元培和东南大学校长郭秉文等人推动下，学术委员会、教授会、评议会等机构发挥了作用，打破了行政与学术权力集于一人之身的直线管理体制；建立了多元主体参与协商、合作的内部治理机制。

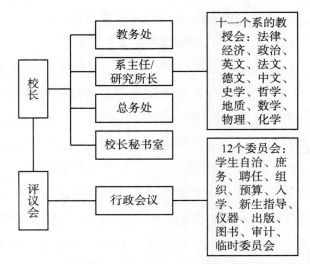

图 6 – 3　近代初期东南大学"三会制"内部治理结构

1927 年后，南京国民政府对北洋政府制定的大学管理制度作出了进一步改革。虽然蔡元培主持试行的大学区制遭受失败，但 1929 年 7 月《大学组织法》与《专科学校组织法》的颁布是我国近代高等教育的第一次正式立法，有重要的意义。《大学组织法》规定国立大学由教育部设立，省立大学由省政府设立，学校内设校长综理校务；校务会议是重要的议事机关。1935 年 5 月颁布的《大学行政组织要点》中规定增设训导处，下设体育卫生组、生活指导组和军事管理组。在学校层面上，以清华大学为例，《国立清华大学组织大纲》规定了清华大学内部治理模式，清华大学设立了董事会作为最高的权力机构，实行校、院、系三级管理的模式，教授会和评议会分管学校各项事务（见图 6 – 4）。

从外部治理上看，当时的高校、社会和政府在一定程度上采取了合作的方式完成大学办学任务，政府对学校的宏观管理有所加强。在校内治理模式上则进一步向美国靠拢，治理结构变得更加清晰，学术权力和行政权力逐渐分离。当时，北京大学校长蒋梦麟则提出"教授治学、学生求学、职员治事、校长治政"的方针，正是这一时期大学内部治理理念的集中反映。

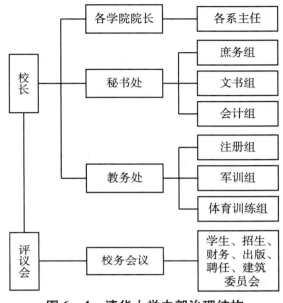

图 6 - 4　清华大学内部治理结构

　　抗日战争爆发后，沦陷区的大学遭受了不同程度的破坏。根据南京国民政府教育部统计，截至 1938 年 12 月（民国二十七年），全国的一百零八所大学中，已有三十一所受到破坏、无法续办。为了保存力量，高校纷纷迁往西北、西南等地区。1937 年，北京大学、清华大学、南开大学三所学校南迁长沙，后迁址昆明组建了国立西南联合大学，此后北平大学、中央大学、东吴大学等 75 所大学分别迁往陕西、四川、贵州、云南等地。大学的内迁历经劫难，却保存了中华民族教育的希望。当时虽然条件艰苦、环境恶劣，但在缺乏基本办学条件的情况下，师生团结一致克服了种种苦难，坚持教学和研究，取得了辉煌成果。内迁时期，大学在内部治理上继续表现出了学术权利与行政权力的分离和多元治理主体参与决策的特点。以国立西南联合大学为例，该校按照《国立西南联合大学校务会议组织大纲》[①]，建立了校务会议，负责学校管理；各学院设立院务委员会，由各系教授会主席与教授代表组成，教授会主席主持各系系务。教授会是校务咨询的机构，成员为全体教授、副教授，在学校事务中发挥重要

---

① 王学珍、郭建荣：《北京大学史料（第三卷：1937～1946）》，北京大学出版社 2000 年版。

的作用，而在院系更发挥着决策作用。

3. 1949 年至今：新中国成立后我国大学的治理模式

1958 年以前，我国大学实行的是校长负责制。新中国成立后，全国高等学校逐步收回政府举办。按照 1950 年教育部颁布的《高等学校暂行规程》《专科学校暂行规程》等文件的规定，校长领导一切校内学术及行政事务；校长和院长分别参与校务委员会和院务委员会的工作。从 1953 年公布《关于修订高等学校领导关系的决定》开始，我国大学管理开始按照苏联模式建设，即由中央教育部门及其他业务部门领导和管理，全部学校改为公办，建议以政府为最高权力主体的内部管理机制。大学的自主办学权大幅减少，在课程设置、学术活动、招生计划、毕业分配等方面都由上级领导部门统一按计划安排。1958 年《中共中央、国务院关于教育工作的指示》认为，一切学校和教育行政机构应该接受党委领导。"一长制"容易脱离党委领导，因而需要在所有高校中实行党委领导下的校务委员会负责制，从而改变了新中国成立之初从解放区通例沿袭下来的校长负责制。随着校长负责制的消失，中国原有大学的治理模式也不再存在，重新踏上了社会主义制度下的现代大学治理模式的探索之路。

改革开放以前，知识分子是"团结、教育、改造"的对象。改革开放的总设计师邓小平同志深刻而敏锐地认识到了教育的重要性。随着 1977 年高考制度恢复，高等教育事业重新进入了发展的春天。1985 年《中共中央关于教育体制改革的决定》准确地把握了当时教育体制存在的各种弊端，认为我国需要实行简政放权和扩大学校自主权，必须调整教育结构、改革教育思想、内容和方法。随后高校招生计划和毕业生分配制度进一步实现了改革。大学受政府的影响不断减弱，与经济社会的联系进一步加强。1989 年的《关于当前高等学校工作中几个问题的意见》提出，我国大学要在较长时期内实行党委领导下的校长负责制；1998 年颁布的《高等教育法》中对此进行了明确的规定。

党委领导下的校长负责制是我国新时期大学治理模式的重要基础，建设中国现代大学的治理模式首先要从这个现实出发，在建立和改进学生组织参与模式时，也必须以现有的高等学校管理框架为起点、以国际成功经验为参照，这是本书基本的思考脉络。大学管理框架的发展有一定的延续性，保持大学的基本体制不变对保障社会主义教育性质有重要意义，同时党委领导下的校长负责制是我国在高等教育改革的长期探索收获的实践经验。建设现代大学的治理机制需要以西方先进高等教育模式为参照，吸纳长处为我所鉴，在这个过程中必须思考如何将西方大学治理的理念、结构、模式融入到中国特色的教育制度中来。只有在尊重历史发展状况和基本国情的前提下顺应全球高等教育改革的时代趋势，才能真正推动现代一流大学在我国的建立与发展。

二、独立机构：学生事务委员会

学生事务委员会是一种全校性的专门服务于学生参与校园事务决策的学生组织，它在机构设置、职能运作、人员组成等方面都拥有比较强的独立性，主要由普通学生中选拔或推举出的学生委员组成。大部分的学生事务委员会需要先面向学生收集意见然后再经由相关渠道向学校管理层转达提案，但有的则直接邀请了校领导作为成员加入其中。相比于其他形式，学生事务委员会的发展更加成熟，推动学生参与大学治理已经成为该组织的首要目标。

本部分以吉林大学、天津大学、中南财经政法大学和中南大学为例对学生事务委员会形式进行介绍。首先是吉林大学，表6－1介绍了吉林大学学生事务委员会的组织结构和运行机制，该组织通过六个专项委员会收集处理与学生相关的各类提案、组织听证会、参与学校的事务监督，获得了良好效果。

表6－1　　　　　　　　吉林大学学生组织参与大学治理的机制

学生事务委员会	组织构架	下设六个由学生代表组成的专项委员会，包括：学生活动场馆监督与服务委员会、教学质量监督与服务委员会、提案委员会、公寓管理与服务委员会、食堂监督与服务委员会、听证委员会，分别负责与各自相关的学生意见、建议的处理工作
	运行机制	职能：（1）定期组织开展领导与学生见面会，使学校校长，学校职能部门负责人，各院院长与学生面对面交流。（2）收集学生在学习、教学质量、公寓管理、活动场馆使用、食堂监督等方面的提案和建议

续表

学生事务委员会	运行机制	主要活动：(1) 从 2004 年开始，先后举办"3.15"维权日系列宣传活动、"3.15 开心辞典"活动等丰富多彩的品牌活动，增强广大学生消费者自我保护意识，积极维护自己的合法利益。(2) 连续举办 22 届"先锋论坛"大学生辩论赛，在进入八强后的各轮比赛中，每年都面向全校师生征集有关学校科学发展的辩论题目，通过辩论提高学生的主人翁意识。(3) 组织的"我爱我校"吉林大学校园提案大赛邀请了相关职能部门的领导担任提案大赛的评委，让他们在评价提案的过程中深入了解学生的心声。(4) 由学生会发起的"我心中的毕业季"大调查活动，将毕业生对母校的要求及意见建议反馈给学校相关职能部门，并通过"学生提案委员会"督促落实，得到了毕业生的一致好评

　　天津大学学生会在 2014 年发起成立了学生事务委员会，针对有关学生权益的校园建设问题收集意见、开展调研，通过与学校管理部门建立沟通机制，为学校发展建言献策。事务委员会不仅为该校学生维护自身权益提供了新平台，而且可以让学生代表在学生代表大会闭会期间更好地发挥自身价值，该学生组织的组织架构和运行机制如表 6-2 所示。

表 6-2　　　　　　　天津大学学生组织参与大学治理的机制

学生事务委员会	组织构架	下设六个专项委员会：宿管与医疗保障委员会、学业与教学委员会、权益工作办公室、后勤服务委员会、体育与校园安全委员会、学生发展委员会
	运行机制	职能：(1) 权益工作办公室：是事务委员会中的核心部门，负责统筹各委员会权益工作，组织校领导接待日、学生代表大会等活动。(2) 学生发展委员会：聚焦学生发展，为同学们的国际交流、创业、实习、就业等方面提供信息与平台，保证人才的培养及输送。(3) 学业与教学委员会：聚焦学生学业和学校教学，关注奖、助学金评选、课程安排、教学评估、学籍、选课与师资等校园热点；全面监督各学院运行。(4) 后勤服务委员会：关注学校后勤保障服务工作
		日常工作：(1) 维护学生权益，传达学生的建议意见，指导其他学生组织工作。(2) 通过在学校各教学楼、各宿舍楼、各餐厅设置意见箱，搜集学生对学校建设各方面的意见并与相关部门沟通交流，将问题解决方法进行公示

中南财经政法大学学生代表大会、研究生代表大会专门委员会是该校参与大学治理的主要方式。从 2009 年 10 月成立至今，该学生组织主要通过接受学生提案、举办座谈会、举办提案对接见面会等方式收集学生意见，交给有关部门落实。该学生组织的组织架构和运行机制如表 6 - 3 所示。

表 6 - 3　　　　　中南财经政法大学学生组织参与大学治理的机制

专门委员会（2009 年 10 月）	组织构架	下设文体活动、学术创新、生活服务、学务管理、安全自律、创业实践、民族事务 7 个委员会和首义校区委员会、提案部、秘书处等部门
	运行机制	收集提案的方式：举办专门委员会接待日方式接收提案、网上提案、"委员进寝室"活动主动上门征集提案
		解决提案的方式：由各个专门委员会定期与有关单位对接不同类别的提案；对于仍未解决的难点问题，组织由校领导参加的集中对接会，校长"督阵"逐一回复提案
		反馈提案的周期："收集提案—对接—反馈"的工作流程周期为一周

中南大学除了设立学生权益服务中心帮助学生反映意见外，还设立了学生工作委员会，从而在学生和学校管理者之间形成了相比于以上三所高校更加稳定的沟通渠道。学生权益服务中心的学生代表在收集学生意见上有相对优势，收集到的意见可以通过学生工作委员会的机制直接加以解决。表 6 - 4 介绍了中南大学学生工作委员会的组织结构和运行机制。

表 6 - 4　　　　　中南大学学生组织参与大学治理的机制

学生工作委员会	组织构架	该组织是由学生和教师共同组成的，分为校、院两级。其中校学生工作委员会设主任 1 名，由常务副校长担任；设副主任 5~6 名，由相关分管副校级领导担任；设委员 25 名左右，且学生代表不少于 40%。学生工作相关职能部门主要负责人为校学生工作委员会教工委员，实行岗位制。校学生会主席、校研究生会主席、校学生社团联合会主席、学生权益服务中心主任、校区学生代表 4~5 人为校学生工作委员会学生委员

学生工作委员会	运行机制	日常工作：（1）统筹协调有关职能部门支持学生工作开展；（2）部署研究学生工作的改革与创新；（3）研究学生权益维护和发展相关事宜；（4）研究"三育人"（教书育人、管理育人、服务育人）工作；（5）研究学生"四自"（自我教育、自我管理、自我服务、自我约束）能力建设工作

除了上述四个代表实例外，西安电子科技大学也设立了学生事务委员会，华东师范大学则设立了学生参议会，它们都通过建设具有专门职能的全校性学生组织促进了学生参与大学治理。

三、附属机构：学生会权益部

中国人民大学、哈尔滨工业大学、中国海洋大学等一些学校在学生会原有工作机制的基础上设立了学生权益部，利用学生会的工作渠道与学校、学生进行联络和沟通，促进双方协商、交流。与学生事务委员会相比，此类形式由于受到学生会架构和规模的限制，其发展规模、职能、影响力上均有所不同，但同样起到了促进学生参与大学治理的作用。下面通过一些实例对此进行介绍。

中国人民大学学生会下设立了提案落实委员会。该部门的职能是引导学生积极参与大学治理，通过征集意见、落实提案、反馈信息等方式体现学生群体的责任与权利；具体工作方式是利用微博、微信、校内意见箱等形式收集提案，将收集好的提案与学校有关部门对接，并把处理结果对全校学生进行公示。

北京大学在学生会下设立了学生权益部和提案调研部。学生权益部主要是对食堂、生活区域进行监察，同时在学校的 BBS 上设立了巡版员，及时发现与学生维权有关的问题。提案调研部则针对学生反映较多的问题进行调查研究，搜集学生代表大会和学生党团员代表大会提案。

哈尔滨大学在学生会下设立了联络工作部，负责搭建学生与学生会、学生会与学校机关部门之间的权益沟通桥梁，通过"HIT 联小络微信公众号"、人人主页等途径收集同学们各方面的意见、建议和要求，充当学生和学校之间的

"传声筒"；同时负责开展学生维权教育与维权活动，积极引导学生进行自我管理。

中国海洋大学学生会下设立了权益委员会，通过不定期举办面对面座谈会以及人人主页、微博等公共平台搜集学生们对学校发展的意见和建议，并及时反映给相关部门，类似的例子还有厦门大学在学生会下设立的提案事务秘书处和学生权益部等。

四、专门领域：学生申诉处理委员会

第三种模式主要是专门面向于某类事务领域的需要，学生事务委员会和学生权益部在组织规模、架构和发展水平上虽有一定差距，但都服务于综合性事务的处理，学生关于学校建设、学习生活等多方面的意见都可以通过这些组织进行反映，比如复旦大学设立的学生申诉处理委员会。2005 年 8 月，复旦大学将学生申诉权利新增至《校学生手册》，并出台了《复旦大学学生申诉处理条例（2005）》，同时决议设立"学生申诉处理委员会"专门负责受理学生的申诉。该制度的出台是为了保证学校对学生的处理行为程序正当、依据明确、结果恰当，保障学生的合法权益。学生申诉处理委员会包括 8 名常务委员，其中，校领导担任主任和副主任，学生工作部、研究生工作部、校团委部门的负责人和校学生会、校研究生会主席担任委员；另外还包括 5 名临时委员，3 名是学生代表、2 名是教师代表；下设秘书处负责委员会日常工作。针对学生申诉的处理程序是，在处分后的 5 个工作日内学生提出申诉并递交申诉申请书；秘书处接收申诉人的书面申请并予以受理，委员会对接相应部门进行处理。申诉的具体处理方式分为简单申诉和复杂申诉两种过程。简单申诉是书面审查方式进行复议，需获全体委员 2/3 以上同意即可通过；复杂申诉则是召开复议会议，需 1/2 以上委员同意即可通过。复议会议要加入一名法律工作者和申诉人院系代表，他们不具有投票权；投票采取无记名表决的形式，形成维持或撤销原处决的书面意见；最后经校长办公室审批后生效。

作者在面向湖北省内开展调查的过程中了解到，湖北汽车工业学院设立了学生公平竞技委员会、学生食堂事务监督委员会、学生宿舍事务监督委员会负责专门处理学生在体育运动会、食堂、宿舍等方面的建议；湖北师范学院设立了生活部伙食管理委员会、劳动部楼栋管理委员会、保卫部校园文明纠察队等学生组织代表学生行使管理权。这些学生组织都服务于专门领域，属于本类别的研究范畴。

五、学生代表：学生校长助理

赋予学生代表一定身份代表学生参与大学治理构成了第四种代表模式。经初步统计，包括天津大学、华东师范大学、安徽大学、南昌大学、南京师范大学等高校在内的 30 余所国内大学都设立了学生校长助理或类似的身份职务，负责协助学校管理层了解学生意见，参与大学事务决策。根据安徽大学《学生校长助理制度运行管理办法》的规定，学生校长助理负责收集学生对学校教育、服务、管理的建议并向有关部门提交议案，参与学校规章的起草与修订等工作。安徽大学的学生校长助理一般为 7 人左右，采取了"大合作、小分工"的模式处理不同复杂程度的提案，该组织与校内其他部门没有隶属关系，能够独立地开展工作。学生校长助理具有双重身份，一方面赋予一定的行政职能，能对学校相关职能部门的工作形成监督；另一方面作为学生能够真正代表学生利益解决学生问题，在实践中取得了不错的成效[①]。但也有观点指出了学生校长助理制度的弊端，比如芒刺认为学生校长助理的工作过于繁重，单凭个人的力量难以完成促进学生与学校沟通交流的任务；同时校长助理有被行政体制同化、脱离普通学生的隐忧[②]。

六、其他形式：学生代表大会和校长接待日

学生代表大会是我国学生参与大学治理的基本形式之一，一般每年举办一次。由选举产生的学生代表在大会开幕期间将学生反映的突出问题和意见通过

---

① 潘春胜：《协同共赢：现代大学治理的新趋势》，载《教育发展研究》2014 年第 21 期。
② 芒刺：《"学生校长助理制度"还需三思而行》，载《教育与职业》2007 年第 7 期。

提案的形式呈递给大会常委会，并通过与学校管理层协商的方式进行解决。由于存在的普遍性，学生代表大会是学生参与大学治理的一种规范且重要的方式。另外，一些参与大学治理的学生组织正是从学生代表大会中衍生而来的，比如中南财经政法大学的学生专门委员会其全称是学生代表大会、研究生代表大会专门委员会，负责在大会闭幕期间收集、对接和解决学生的意见。

清华大学主要通过校长接待日以及每月固定一次的学生会开放日等日常活动实现学生参与校园民主管理。在校长接待日当天，学生既可以直接向各部处机关负责人反映问题，也能通过学生会提出建议。同时，学生会在开放日将统一展示提案的回复情况并接受质询。虽然一些高校没有设立学生组织或部门负责学生参与大学治理的相关事务，但借助于校长接待日、座谈会、听证会等活动，学生获得了行使建议权或参与决策权的机会。

第三节 国内外大学治理及其学生组织参与模式比较

一、国内外大学治理模式比较

1990 年代以来，政府的职能市场化、行为法制化、决策民主化、权力多中心化成为西方公共管理改革的基本趋势，这直接推动了国外大学治理的现代化转型发展。西方大学中权力的制衡与分享体现了多元相关利益主体参与决策的思想。西方大学管理的核心是过程管理，具体包括领导权的分配、激励教职工的方式、沟通与决策的过程等[1]。传统的管理在大学治理理念下产生了深刻变革，西方大学中治理结构的不同主要体现在学生、教师、社会力量的权力分配

---

[1] Dimmock C. Comparing educational organisations. In Comparative Education Research Springer Netherlands, 2007: 283-298.

和组织形式上①。国外大部分高校实行的治理结构是董事会、校务委员会、理事会、教授会等机构领导下的校长负责制，具体地，国外大学治理结构可分成三类：第一类是校外利益集团组成董事会直接参与大学治理的模式，比如美国和加拿大；第二类是校内相关利益群体的代表组成机构进行治理的模式，比如英国、法国和德国；第三类是校内与校外的治理主体相结合组成权力机构的模式，比如日本。

与国外大学治理模式演变相比，我国自建立近代大学以来的治理模式历史演变经历了缓慢的发展过程。1895 年我国建立了第一所近代大学"天津中西学堂"。在此之后，从蔡元培主政时的北京大学到革命根据地的干部学校，大学管理者与高等教育研究者努力探索大学的民主与自治精神。善治理念为中国大学治理的发展提供了一种导向。大学治理善治是在承认"治理"存在缺陷的基础上旨在完善"治理"现状而提出的一个概念。大学善治理念定位包含的四种核心价值：民主参与、学术自由、以人为本与开放包容。

虽然国内外大学治理模式演变在历史轨迹上有一定差异，但近年来却出现了一个共同的发展趋势：大学治理理念成为新一轮全球高等教育改革的中心思想。这意味着大学治理虽然作为一个理论体系在各国实践中产生了不同的运作模式，但是其一般原则却无一例外地得到了加强。在外部治理中，为了平衡大学、政府与社会的地位，一些国家允许大学从政府的管束中破壳而出，通过引入社会力量让大学在拥有自主权的同时以更开放的姿态应对社会经济的发展变化；另一些国家则是通过出台法律或政策引导的方法促使建设大学的力量多元化。在内部治理中出现了两种发展趋势：其一是大学正围绕校长负责制建立更加高效的行政管理机制；其二是广泛地承认多种利益相关群体是参与大学内部治理的主体，建立协商与合作机制，让学生、普通教师、校外力量在内部治理中发挥更大作用。最后，必须认识到，内部治理发展与外部治理发展之间的相互联系、建立现代大学的内部治理结构是善用自主办学权的关键。

---

① 朱家德：《提高大学治理的有效性——20 世纪 60 年代以来西方大学治理结构变化的总趋势》，载《中国地质大学学报（社会科学版）》2012 年第 6 期。

二、国内外学生组织参与模式比较

21 世纪以来，随着大学治理理论的兴起和大学治理实践的创新，越来越多的学者开始思考学生应该怎样参与到大学治理中。本节将在前文比较分析国内外大学治理模式的基础上，进一步对比国内外大学学生组织参与治理模式，然后提出我国大学治理中学生组织参与的实现模式，从三个角度对此进行具体研究和描述。

1. 国外学生组织参与大学治理的状况

学生组织参与大学治理的实践最早出现在中世纪的意大利。现代大学的先驱波隆那大学（Bologua University）被认为是一个完全由学生管理的大学[①]。此后学生组织参与大学治理经历了一个由强到弱、又由弱到强的发展过程。该过程与西方社会发展、高等教育发展紧密相连，可分为三个阶段：第一阶段是中世纪后期至 15 世纪后期，学生参与管理的积极性极高，学生的参与权得到充分体现；第二阶段是到 20 世纪上半叶为止，学生参与管理的机会减少，其中 17 ～ 19 世纪的美国高校被称为"在院长的'家长制'控制下的组织"，权力基本由董事会把持，院长以下不设任何行政机构，教师和学生自然没有管理权力可言；第三阶段是 20 世纪下半叶至今，学生参与管理又成为各个大学校园管理的一种重要手段。本部分重点分析的是 20 世纪下半叶至今的学生组织参与模式。自 20 世纪下半叶以来，以美国为大学治理发展的先驱，各国大学纷纷从"以科研为中心"的研究型大学向"以知识的最终使用者为中心"的服务型大学转变。在西方发达国家，学生在大学治理中的参与水平不断增强，参与大学治理的学生组织也由此获得了长足的发展。

首先，发达国家学生组织参与大学治理的程度较高。1969 年开展的对美国 875 所高校的调查表明，88.3% 的大学允许学生参与某个决策机构[②]。1999 年洛奇（Eugene W. Ratsoy）和左兵（Bing Zuo）对加拿大地区的学生参与大学治理

[①] 程玉红：《中世纪"学生型"大学的产生与发展——意大利博洛尼亚大学组织管理述评》，载《沈阳师范学院学报：社会科学版》2002 年第 6 期。

[②] 欧阳光华：《董事、校长与教授：美国大治理结构研究》，高等教育出版社 2011 年版。

的情况进行了研究，结果表明：学生不同程度地参与了大学学术和行政决策制定且学生组织对大学治理的影响更强①。更具体地，1997 年，威尔逊等人（Wilson et al）通过对不同学科的澳大利亚学生采访发现，自我感受对于学生参与大学治理的积极性有着举足轻重的影响，提出大学需要采用一个更为主动的方式来发展和支持学生代表②。程接力等对荷兰最大的综合性大学——阿姆斯特丹大学的内部治理结构进行剖析发现，大学学生委员会和师生代表联席会是该大学学生参与大学治理的代表性组织，并分别配有相应的章程规定这两个组织参与管理和决策的程序，使之成为大学权力结构中的重要制衡因素③。

其次，学生组织参与的形式较为成熟。以美国为例，大部分大学中至少有一个正式的学生组织负责行使学生参与大学治理的权力。肯尼索州立大学的学生治理联合会与大学治理委员会、教师评议会、职员评议会、行政管理人员评议会共同组成了该校最基本的治理结构④；学生治理联合会负责代表全校学生参与大学治理，按照大学章程、学生行为准则和学校政策保障学生福利⑤。圣芭芭拉城市学院中参与大学治理的学生组织是学生评议会，该组织负责关注学生需求并反映学生的意见，通过每周例会确定要开展的活动。学院鼓励学生加入评议会成为学生代表，他们在加入时会被要求学习评议会规则、共同治理理念、沟通技巧等，一部分学生代表则会加入学校的若干委员会成为投票成员⑥。

最后，一些学校的董事会中也存在接纳学生董事参与决策的现象，但这类大学的数量很少。据于杨（2010）统计，普林斯顿大学的 39 名董事中包含 2 名学生董事；麻省理工学院的 74 名董事中仅有 1 名董事的身份为学生⑦。

由此可见，国外大学在学生组织参与大学治理方面存在比较丰富的实践。由于拥有成熟而稳定的参与渠道，学生的校内地位获得了提高，成为一支促进大学发展的重要力量。

---

① Ratsoy E W，Bing Z. Student participation in university governance. *The Canadian Journal of Higher Education*，1999，29（1）：1 – 6.

② Lizzio A，Wilson K. Student participation in university governance：The role conceptions and sense of efficacy of student representatives on departmental committees. *Studies in Higher Education*，2009（1）：69 – 84.

③ 程接力、钟秉林：《阿姆斯特丹大学治理结构剖析及启示》，载《国家教育行政学院学报》2013 年第 6 期。

④ Carey P. Student engagement：stakeholder perspectives on course representation in university governance. *Studies in Higher Education*，2013，38（9）：1290 – 1304.

⑤ Our mission.［2015 – 05 – 28］. http：//ksusga. wixsite. com/ksusga/about – sga.

⑥ College Committees.［2015 – 05 – 28］. http：//www. sbcc. edu/departments/collegecommittees. php.

⑦ 于杨：《现代美国大学共同治理理念与实践》，中国社会科学出版社 2010 年版，第 66 页。

2. 国内学生组织参与大学治理的模式

我国学生参与大学治理经历了一个从无到有、由弱渐强的过程，可以分为四个阶段。第一阶段是古代吏师合一的时期，尊师重教的思想下，学生长期处于管理权利缺失的地位；第二阶段是新中国成立前，随着"五四运动"时期学生自治主张的兴起，我国的校园民主开始取得一定突破；第三阶段是改革开放前，高等教育在历次政治运动中遭受了严重挫折，包括学生在内的各主体合法合规参与大学治理均无从谈起；第四阶段是改革开放以后，在社会进步的背景下，学生参与管理的积极性提升，呈现的学生组织趋于多样化，管理事务的范围在不断拓展。

从我国大学的管理体制可以看出，党委领导下的校长负责制是我国高等教育管理现有的基本框架，以此为起点并结合国际经验可以提出我国大学治理的实现模式为"学校主导＋学生参与＋专家判断"。本书认为，这种模式对于改善我国大学治理中的学生参与情况、完善治理体系和提高治理能力具有一定的意义，下面针对其中包含三方面的主要内容分别进行阐释。

"学校主导"的含义是：在大学治理结构上坚持党委领导下的校长负责制，同时坚持学校管理者承担大学发展的主要责任。原因有三：首先，党委领导下的校长负责制是我国在高等教育改革的长期探索中收获的宝贵经验，历史证明，学校主导的决策方式在推动校园建设和保证教育质量上具有一定的优越性，该制度理应作为我国新时期大学治理模式的基础；其次，学生组织的设立、发展和学生参与行为的规制都需要依靠学校决策者来引导与推动；最后，由于现代大学建设的复杂性，处理好各类校园事务需要专业化的能力与远见卓识，由学生或教师单一主导大学管理的时代已经过去，专业化、职业化的管理模式则展现了难以替代的优势。

"学生参与"是指学生能够合理表达意见、积极参与大学治理，共享大学发展成果。在大学治理的实践中，学生缺位的现象还比较普遍，许多高校并未在与学生切身相关的决策上倾听他们的意见。对此，本书提出，应该建立合理有效的学生组织专门负责学生参与大学治理的相关事务，推动学生从"缺位"走向"共治"。国内外实例和研究支持了学生参与大学治理的合理性、必要性，证明了学生组织在此过程中能够发挥的关键性作用。"学生参与"的相关内容、政策与措施是对我国当前大学治理体系的创新与改革，有助于改善自上而下的单向管理模式，在学生与学校之间推动信息的双向流动。

"专家判断"是承认大学治理的不同主体之间存在能力差异，允许每个参与主体在其擅长的领域内发挥作用，并为大学发展作出贡献。首先，它强调了具体事务上的理性思维，即针对学生群体的特长和局限性，主张使其有选择地、有侧重地参与校园事务决策。学校需要针对大学事务的不同领域做好划分，差异化地选择决策机制及其人员组成。其次，它强调了制度构建上的理性，即专家对治理过程的研究具有重要价值。在大学治理的体系建设上，学校应该鼓励研究者进行全面、周详的分析，提升制度设计的科学性。

"学校主导＋学生参与＋专家判断"模式的实践路径需要充分发挥学生组织的作用。在本书提出的模式中，学校主导是基本框架，学生参与是重要创新，专家判断是有效保证。三者需要依靠学生组织才能有机地结合到一起。首先，学生组织可以代表学生与校方沟通，将学生的个人意见筛选、提炼，从而转化为群体性诉求。其次，学生组织负责组织学生有效参与大学治理，学生参与大学治理需要借助稳定的活动、渠道或形式，学生组织则可以作为服务性机构，发动学生行使政治性权利、协助提高学生参与的有序性和应具备的参与素养。最后，学生组织能有效与专家互动，这意味着它们还肩负了解释和改进政策措施的职能。具体而言，一方面对于学生能力所不及的管理领域，学生组织可以向专家学习并面向学生解释相关政策措施的用意，提高全校认识的统一性；另一方面，针对学生密切参与的管理领域，学生组织则应发挥自身的研究能力，加强调研和论证，改进学生群体的参与效果。

第七章
学生组织参与大学治理
面临的困境与成因

第一节　学生组织参与大学治理面临的困境

我国高等教育长期以来以行政主导为主要特征，在行政化科层制的大学治理传统下，我国大学的各项决策，均以管理者利益为重，同时考虑保障教职工自身利益，往往忽视了学生群体的利益诉求。对学生群体治理权力的重视不足，导致学生组织缺乏表达利益诉求的渠道，难以发挥应有的功能。在制度方面，尽管我国在 2005 年就发布了《普通高校学生管理规定》，要求"学校应当建立和完善学生参与民主管路的组织形式，支持和保障学生依法参与学校民主管理"。从法律层面承认并赋予学生参与高校治理的权力，并相继出台了一系列文件以推动大学治理体系的法制化建设。但是整体而言，我国关于学生参与大学治理的法律规章还不够健全，对于学生参与的具体内容，例如治理的权责范围、参与的方式方法、权力的行使与保障等方面缺乏具体的规整条目与实施细则，可操作性较低。与此同时，由于缺乏监督保障机制，已有的法律规章在执行过程中往往停留在书面，未能得到有效落实，或是在执行过程中仰仗"掌权者"的喜好与判断行事，具有较大随意性。学生组织在实际参与治理的过程中，权力往往受到多方挤压，无法保障自身权力，缺乏独立性与自主性，只能被迫依照管理者意志行事，成为学校行政部门的"代言人"和"单向传话筒"。此外，我国传统的教育理念缺乏对治理、自治观念的渗透，这也导致学生缺乏权力意识，对多元主体参与大学治理的认知不足，参与学校治理的实际态度被动消极。

第二节　学生组织参与大学治理存在问题的成因

一、激励约束不兼容

态度是行动的先决条件，学生个体的主观能动性是行为发展的内在动力。从经济学角度而言，学生作为大学组织的生产性消费者，自然而然地享有参与大学治理的权力。作为消费者，学生通过购买教育服务，完成了六学人才培养的使命，同时具有对教育消费做出评价的权力；作为生产者，学生通过支付学费参为教育服务的生产提供资金支持，同时对学校的良性发展和顺利运行负有责任。学生与学校不再局限于"被管理者"与"管理者"的关系，而是作为平等享有参与权的主体，参与学校事务的治理。尽管国家与学校已出台一些法律规章，使学生参与权在法律层面得以确认，但参与意愿不足仍是制约学生组织参与大学治理的首要因素。

学生组织参与意愿不足的原因可以概括为"激励约束不兼容"，即认同学生参与大学治理有其必要性和可行性，但认为学生参与的治理应是有边界的治理，强调激励与约束并行，在激发学生参与意愿、鼓励学生参与治理的同时，采取控制措施，限制参与的范围与具体事项。在实际运行中，学校一方面通过营造平等参与的学校氛围、拓宽学生参与渠道等方式，激发学生组织的参与意愿与治理潜力。另一方面又通过规定学生参与治理的范围与形式，或是增强对学生组织的控制等方式约束学生治理权力的实现。具体表现为，学生决策参与以学生事务管理为主，学生监督参与以后勤事务管理为主，学生评议参与以课堂教学参与为主，学生知情参与以行政事务参与为主。如前所述，治理活动的参与若无法表达学生组织的真实意愿，就丧失了参与的价值。这种不兼容的制度措施，导致学生治理行为的表达大多以"规范性参与"方式进行，成为学校威权的传话筒，无法充分表达个人意愿，参与意愿不高，参与自主性不强。而"自发性参与"的治理行为，由于表达诉求的渠道受阻，参与范围受到约束与控制，学生组织无法实质性地参与到行政事务与课堂教学的治理活动中，因而参与积极性受挫，从而导致参与意愿不足。

二、人才培养存在政策瓶颈

学生组织参与大学治理是培养学生权利意识和公民责任感的一个重要路径，更是推动实现教育现代化的重要一步。学生作为教学活动的亲历者、日常管理的见证者，掌握着大学管理情况的真实信息。学生群体参与大学治理，可以从不同于管理者的另一视角，为学校的改革与发展提出建设性的意见。学生组织参与大学治理为实现大学"善治"提供了积极的输入，但学生组织能力不足的问题依然突出。

学生组织治理能力的不足归根结底是教育政策设计不完善造成的。从宏观层面来看，一直以来僵化的教育模式，侧重于专业学科知识的应试教育，对学校素质教育的实效性关注不够，因而在各层级的学校课程设置指导中，缺乏针对性的目标要求、课程安排及训练计划，导致学生主体未能形成参与学校治理的观念，将自己视作大学治理的"局外人"，缺乏民主意识与主体意识；由于未能形成参与大学治理所必需的完整的知识结构，缺乏生活阅历，参与经验不足，因而学生群体在参与学校治理过程中缺乏必备的知识与技能，在实践中"力不从心"。从微观层面来看，在国家教育政策的影响下，具体到中间参与实践层次，由于缺乏实践机制与目标动力，学校、家庭主观上对能力与素质的培养重视不足，忽视对学生主体民主参与意识的培养和激励，更加凸显了人才培养模式的缺陷。同时，教育模式的固化和课程设置的标准化，阻塞了学生提升个人参与治理能力的有效渠道。针对能力受限的情况，则可以归因为各方利益主体在权力分配过程中的权力博弈。学生参与大学治理的权力运行的国家权力模式是一种国家发展本位逻辑支配下的权力运行模式。大学治理的权力运行模式表明，要建设一个多元主体参与的大学治理体系，就需要重新分配各方利益，在各方利益博弈的过程中，原本的掌权者会尽可能地维护和扩大己方权益，学生群体作为权力中的弱势群体，必然会受到各方打压，难以获得实际的权力。这一过程中，学生参与大学治理的权力被虚置、能力受限。基于上述原因，学生主体既缺乏获取知识和技能的渠道，又缺乏现实的实践经验，导致学生乃至学生组织在参与学校治理的过程中面临有心无力、有权无能的困境。

三、传统文化的消极影响

我国是一个历史悠久的文明古国，在几千年的历史中形成了具有自己民族特色的传统文化，并对我国的教育产生了极为深远的影响。中国传统文化有精华也有糟粕，一些弊端已渗透到教育人的灵魂深处，突出表现在人格上和社会关系的不平等。这种影响即使在今天也没有完全消除，这样培养出来的学生不敢想、不敢讲、不敢闯，缺乏开拓创新精神，严重抑制了学生参与学校治理的积极性。除此之外，社会价值取向的读书至上观念，历来重知识，轻能力，轻应用，价值导向的偏离也极大削弱了学生参与学校治理的热情；缺乏科学精神，传统文化对教育体制、教育思想的影响巨大，限制了教育教学的多样性，造成学生参与学校治理的土壤先天贫瘠。我国长期以来缺乏对教育本质的全面清晰认识，侧重教育的社会功能，忽略了"以人为本"的教育理念，在人才培养模式、教育评价制度等方面，以学科、课堂为中心，忽视了学生的主体地位。

微观层面上，学生的自我意识与民主意识淡薄，将自身置于参与大学治理中的从属地位，对参与治理的态度消极。在决策过程中，学生常常缺乏理性自主，容易受到教师意志的影响，无法真正"当家作主"。

在宏观层面上，相较于美国公立大学以社会力量广泛参与为主导的大学治理体系，我国一直以来的大学治理以政治领导权力和行政权力为主导，对民主管理权力重视不够，造成作为民主管理主体的学生组织参与大学治理的制度供给不足，规章制度不完善，实践价值不足。此外，机会主义倾向也导致了法律规章在执行阶段的随意性，根据机会主义理论，这主要是由于利益相关者仅着眼于眼前利益，忽视了长远发展，导致了政策执行过程中的不严格、不规范等问题。正是因为社会对学生培养的评价往往局限于学业学术成就，学生参与学校治理活动一直未被纳入广泛评价体系，整个社会对后者的认知严重滞后。久而久之，导致对待学生参与学校治理问题，学校漠视、学生消极成为常态，大学行政化、学生附庸化特征愈加突出，学生发扬民主创造力参与治理、大学吸纳合力、与时俱进创新发展受到严重抑制。

第八章
结论与政策启示

第一节 结 论

本书主要分为理论研究和实证研究两大板块：理论研究构成了实证研究的前提基础，推出问题导向；实证研究则验证并提炼出理论创新的核心要素，构建中国模式。表8-1梳理了本书的研究内容完成的进度状态，其中理论研究部分主要完成了前两个研究任务，实证研究部分主要完成了其余三个研究任务。

表8-1 本书研究任务完成情况统计

序号	具体内容	对应章节
研究任务一	对大学治理的理论体系进行详细分析	第二章第一节
	把握学生、学生组织与大学治理的关系	第二章第三节
	分析国际、国内现代大学治理模式的发展进程等	第二章第二节
	界定学生组织参与模式的内涵	第二章第三节
	学生组织参与大学治理困境、成因与转型	第七章
研究任务二	对国内外学生组织参与大学治理的模式进行归类、比较	第六章第一、二节
	归纳我国学生组织参与大学治理的发展模式等	第六章第三节
研究任务三	学生组织参与大学治理意愿及其影响因素	第三章
研究任务四	学生组织参与大学治理能力与绩效评价	第四章、第五章
研究任务五	为提高绩效，针对新环境下服务于学生参与大学治理的学生组织提出转型的建议	第八章

在理论研究部分，本书的第二章首先建构了大学治理的理论体系，认为大学治理的理念倡导通过多元利益主体协商、合作的方式致力于共同利益最大化与共同目标实现；在该理念指导下，形成了协调大学、政府、社会等之间关系的外部治理结构和协调学生、教师、行政管理人员等之间关系的内部治理结构；治理结构按照法治思想被大学外化为具体的制度，比如最基本的"大学

章程"，它构成了学生组织参与大学治理的制度性保障。运用大学治理理论对我国大学管理体制改革演进的分析发现，我国大学长期依赖科层制管理模式，形成了"单向传达"的机制：书记、校长等决策大小事务，学生和普通教师是被管理者。针对这种现状，本书从外部治理结构和内部治理结构两方面提出了完善大学治理模式的建议，提出加强大学的自主办学权，引导社会力量参与大学建设、建立信息向上流通渠道、合理配置权责等。其次，本书通过对美国等六个发达国家的大学治理模式进行梳理并对我国从建立现代大学至今的治理模式历史演变的三个阶段进行回顾发现：国外大学在外部治理中努力实现大学、政府与社会需求的平衡，总体趋势是多元办学、多元治理；在内部治理上，一方面围绕学校决策者建立更加行之有效的行政管理体制，另一方面则广泛地承认多元利益主体参与大学治理的权力均衡，两相结合建立起不同群体协商、合作的机制。我国高等教育领域"党委领导下的校长负责制"是新时期大学治理模式的重要基础与学生参与大学治理的根本制度背景，在此基础与背景下的学生群体是大学治理的重要参与主体，而学生组织则是学生参与治理的最显著特征与最有效保障。本书认为，"学生组织参与模式"的内涵包括学生组织的具体形式、学生组织参与大学治理的事务范围和权利范畴、整体环境保障三个方面。

第六章在国内外实例基础上，提出中国特色大学治理中的学生组织参与模式，即"学校主导＋学生参与＋专家判断"，该模式的实践路径是充分发挥学生组织的作用，代表学生与校方沟通、组织学生有效参与、与专家理性互动。研究过程中，首先，结合具体案例描绘出我国高校学生组织发展水平的四个层次，建构学生组织参与选择模型，以学生决策能力为横轴、与学生利益的相关性为纵轴建立坐标系。其次，基于调查数据，将大学治理的 10 类事务范围划定为"最大限度参与"、"有限参与"、"不参与"等三类并提炼出现实参与的权利范畴。最后，从国家法律、大学章程、观念与文化角度分析了大学治理的外部保障，完成了参与模式的刻画。

在实证研究部分，本书第三章则对学生组织参与模式的发展驱动因素进行了研究，发现治理制度是最关键的驱动因素，对其他因素有直接正影响，而学生组织形式的完善性是治理制度的代表性变量；学生组织的工作效率、对学生利益的代表程度分别是影响民主沟通程度、环境平等性的重要变量。第五章研究了学生组织参与模式绩效评估的两种方法。方法一是多维分层评估法，在量表收集的数据基础上构建评估指标体系，运用层次分析法和因子分析法得出不同学校学生组织参与度的总得分，代表了每所高校中学生对学生组织参与大学治理情况的直观感受，再具体结合不同学校学生组织参与模式的实际状况进行比对分析；同时运用模糊综合评价法得出样本高校在 5 个评价维度上的得分，形成对不同高校不同评价维度上的表现结果，在进一步对比中寻找绩效评估差异的原因。方法二是个案调查法，该方法应用了更广泛的资料来源，针对重点研究对象开展更为具体的分析研究，以某学生组织和某地区为例分别进行了研究，其结果表明，学生组织参与度较高的大学，具备本书提出的模式构成的显著特征。上述研究证实了学生组织的运行绩效对大学治理的关键作用。为进一步加强学生组织自身建设，本书对当前学生组织的运行环境、组织结构、内部文化等方面进行了剖析，发现学生组织科层制是阻碍其绩效提升的重要因素，从而提出扁平化转型的现实建议与实施路径，具体包括实行网格化管理、构建多维决策节点的组织结构等。

学生参与大学治理不是个人行为，而是有组织的行为，是以组织为载体的，学生参与大学治理隐含了组织参与这样一个过程；本书以学生作为基础调查对象，通过学生的参与组织行为来观察学生如何参与大学组织来评价其参与大学治理的意愿、能力、绩效以及相应的实现机制，进而搭建了学生组织参与大学治理的基本框架和模式。

归结起来，本书的总体结论在于：学生组织是学生参与现代大学治理的最显著特征与最有效保障，学生组织形式的发展水平、内部机制、工作效率影响大学治理水平，较高的学生参与积极性是学生组织参与大学治理获得良好效果的前提基础；大学传统管理模式的影响下，学生组织科层制结构影响绩效，存在脱离学生群体的危机；学生组织通过促进治理制度建设和内部机制的建设影响学校环境平等性进而对大学治理水平产生作用；大学治理作为学生组织运行的新功能要求学生组织构建全新的工作目标。

第二节 政策启示

一、激励意愿：提高学生组织参与度

大学治理受到学生需求的影响，学生组织与学生联系紧密，更为关注学生群体在学校决策中表达意见的需要，由学生组织代表学生参与大学治理，能够有效发挥其积极作用，因此，提高学生组织参与大学治理的程度是采用较多的一种激励方式。当学生组织参与大学治理的意愿得到了尊重，就意味着学生不再单纯是教育生产过程中被管理的一方，他们也获得了参与决策和维护自身权益的途径，尤其是受教育权的保障。要提高学生组织参与大学治理的积极性，也应从满足学生需求入手，通过拓宽了解不同类型学生需求的途径来激励参与意愿。第一，加强对学生组织参与大学治理意识、责任和作用的宣传，致力于提供简便的参与途径，便于学生组织参与治理，如将大学生广泛使用的网络提案打造成重要的意见收集渠道。第二，激励学生组织举办实践活动促进学生与学校管理层间的相互协调沟通，推动学校和学生之间的协商合作，通过不定期面向学生开展意见收集活动，使相关决策更加符合学生期待，节省学校治理成本和提高学校治理效益。第三，激励学生组织营造平等互信氛围，如在具体事务决策上由学生组织举办听证会以获取学生支持，或者为介绍学校相关政策、了解学生意见而举办座谈会等。第四，激励学生组织了解不同类型学生的需求和参与学校治理意愿，为参与意愿较强的研究生、党员和学生干部提供更为丰富的参与治理渠道，同时引领其他学生广泛参与。

二、提升能力：塑造学生组织参与水平

根据前文实证分析和理论分析结论，不难发现，自身能力的不足也是制约学生组织参与大学治理绩效的重要影响因素。学生组织治理能力主要表现为认知能力、技术能力、责任能力和胜任力。对于认知能力而言，在大学通识教育中和入学教育中，应当强化学生的"大学主人翁"意识，将大学的荣辱与学生的发展融为一体，实现激励约束兼容，同时，通过多种形式宣传学生组织参与大学治理的"正外部性"，弱化学生组织参与大学治理的"行政色彩"，降低学生组织和学生参与大学治理所背负的"舆论压力"。在技术能力上，大学治理不是一个"口号行动"，而是一种技术，这种技术体现在法律、财经、信息、网络、数字、国际化等多个方面，这就需要学生组织及其成员具备一定的专门技能和复合型知识能力结构，学校也可以考虑根据不同事务领域学生组织的特点，来赋予其相应的参与领域。责任力体现在学生组织必须代表最广大学生的最大利益，而不是代表少数或者特殊群体的利益，这种责任应该与国家责任、社会责任目标一致，责任即担当。胜任力更多强调的是将知识转化为能力和行动的一种能力，这种能力是一种"全要素生产能力"，是一种世界观和价值观，学生组织参与大学治理必须具备追求卓越、持续共赢、塑造文化、合作创新的这样一种独特的自我意识、公共意识和国家意识。

三、结构转型：学生组织扁平化转型的路径分析

在锁定了学生组织扁平化转型的"红利"后，应该将目光转向学生组织转型的过程。调查发现，学生组织存在着脱离学生群体的风险。从观念宗旨上看，在学生组织的工作中心从"领导"转向"学生"时，学生干部思想上仍然深受科层制的影响，自我身份定位尚待向学生群体回归。从组织结构上看，等级层叠的内部结构使信息上传的路径太长，金字塔形的管理机制限制了信息处理的速度。再加之不够透明、公开，学生组织办事效率低下造成了学生的信任度降

低，制约了学生参与大学治理的积极性。从工作方式上看，学生组织在新的工作领域内还没有建立起完善的工作机制与业务流程，扁平化转型并非抛开优势制度不用，而是围绕网格化管理、多维决策节点的结构建立符合信息高速流动特点的工作机制。由此，学生组织的扁平化转型应该包括：组织结构的重新规划、内部文化革新、业务流程再造等方面。

第一，实行网格化管理，构建多维决策节点的组织结构。作为学生与学校沟通的桥梁，同时也是学生提案等信息处理的关口，学生组织不仅要广泛地联系学生，收集学生意见，面向学生群体建立丰富的信息入口，还需要对信息的真实性、意见的普遍性等进行筛查核实，再分门别类地与学校相应的决策部门、职能部门对接处理，这就要求学生组织实行网格化管理，构建多维决策节点的组织结构。学生组织应该面向学生参与大学治理的不同需要，建立多个平行部门，每个平行部门是一个单独的决策节点，通过与学校相关部门配合，处理学生参与大学治理的具体事项。与开辟丰富的联系窗口同步，在组织内部建立信息处理中心，统一负责各部门的信息调度与工作进度掌控，用多条工作线齐头并进、分工协作的方式打破金字塔形结构顶端节点的限制。

第二，创新微观工作机制，推进业务流程再造。为进一步降低多维决策节点结构的无序性，扁平化转型的另一个侧重是加强微观机制的创新。组织的每个部门虽然负责了不同内容的事务，但在连接学生与学校的工作流程上有一定的相似性。一方面，在实践中积累、创新、推广标准化的工作流程，加强部门间的相互学习与借鉴，提高工作的专业化水准；另一方面，在学生意见收集与反馈等方面，充分利用好组织内部建立的信息处理中心，可以有效提高处理事务性工作的效率。

第三，建立符合大学治理理念的内部文化。把学生作为学校服务的重要客户的思想要求淡化大学里"隶属"的理念[1]。在大学建设中，大学自主权则要求减少过度行政化、非程序化、信息不透明的现象[2]。这说明，随着大学治理理念的推进，大学文化在发生变化。由于大学文化与其亚文化之间有密切的联系[3]，大学文化的变化将对学生组织内部文化产生影响。它不仅反映在学生干部之间

---

① 谢维和：《当前中国高等教育的转型及其主要取向》，载《中国高等教育》2001 年第 6 期。
② 王孙禺、孔钢城：《中国研究型大学建设的思考》，载《北京大学教育评论》2009 年第 1 期。
③ 李曼丽：《"文化分层"理论在大学文化研究中的应用》，载《江苏高教》2006 年第 5 期。

的相处模式上，还反映在学生干部与普通学生的身份认同中。在传统的科层制下，学生组织内部等级是森严的，对外以管理者自居，但在大学治理中，普通学生就是参与决策的主体，学生干部的身份转变为服务于学生参与的学生代表。这就要求学生组织内部要建立起热心服务、平等待人的"公仆文化"，真正使学生组织更加贴近学生、服务学生、塑造学生，回归组织初心。

四、重塑中心：以学生为中心的大学治理体系设计

大学治理能力和治理体现现代化是中国特色社会主义国家治理体系重要组成部分，"双一流"建设是中央着眼于全面提高人才培养能力，提升高等教育整体水平和实现高等教育内涵式发展的重大教育发展战略。习近平总书记提出要坚持以人民为中心，把人民对美好生活的向往作为各项事业奋斗的目标。从高校的角度来看，就是要坚持以学生为中心，把学生对成长、成才和成人作为奋斗目标。目前，"双一流"建设第一轮评估即将开始，在过去的二年建设时间中，各高校按照教育部、财政部和国家发改委制定的指导意见，进行了卓有成效的创建和建设，无论是从国际主流的大学评价结果还是从建设高校的实际获得感来看，现有的"双一流"建设及其指标体系有效引导了高等教育资源配置结构的优化，激励高校发展内生动力形成，促进了高等教育整体发展水平的全面提升。与此同时，高等教育发展过程中的依然存在的高校办学目标不清晰、校园文化建设薄弱、德育和劳动教育缺失、学生需求与高校供给错配等突出等问题，在一定程度制约了高等教育对中国经济社会高质量发展转型的作用发挥。这些问题的解决，一方面需要对高等教育管理相关制度进行调整和改革，来适应新时期双一流建设和高等教育内涵式发展的需要；另一方面，有必要基于未来中国特色高等教育发展的战略定位，对双一流建设指标体系进行调整，引导和激励高校在"双一流"建设过程中更加注重培养学生、更加注重引导学生成长、成才和成人，更加注重学生的综合能力塑造。

建设中国特色世界一流大学，必须立足中国实践、解决中国问题，为国家发展、人民的福祉做贡献。政治建设是高校建设的首要和关键目标，大学生是未来国家和民族发展的建设者和接班人，当代大学生的思想政治状况决定了未

来中国的政治状况和形态；与此同时，学生的成长、成才和成人决定着中国经济社会发展的高度和厚度。"双一流"建设中明确提出，把立德树人的成效作为检验学校一切工作的根本标准，把思想政治工作贯穿教育教学的全过程、贯通人才培养全体系，这是具有前瞻性和战略意义的举措。进一步来看，构建反映立德树人成效的指标体系，是检验成效的前置条件和基础。立德树人不仅体现在人才培养和高等教育发展的结果上，而且还需要对学生成长、成才和成人过程进行全方面的监测和评估，而完全以结果导向的评价指标容易陷入"唯论文和课题"的锦标赛竞争，也容易造成高等教育发展中"单极化"和"无差异化"现象。现有的双一流指标体系在原有"985"和"211"工程建设指标体系基础上，进一步突出了学生、学者和学术的核心地位。从长期和战略的角度来看，需要更加突出学生的主体地位，需要更加注重反映高校德育和校园文化建设的指标构建。

"双一流"建设的目标在于通过"项目制"的运作模式助推大学治理体系和大学治理能力的现代化，构建起支撑中国特色世界一流大学建设的体制和机制。在大学治理体系中，学生主体地位和学生参与是必不可少的，学生的培养过程和培养实效是检验大学治理体系和治理能力现代化的"试金石"。具体说来，可以考虑：

一是引入直接反映学生品德教育、校园文化建设和劳动实践的指标体系。在现有的评价指标体系中，可以考虑两种思路，一种思路是在"传承创新优秀文化"、"完善内部治理结构"和"关键环节突破"模块中，设立学生品德教育、校园文化建设和劳动实践的指标体系，主要反映高校学生思想政治建设的举措、校园文化活动的丰富性和学生参与度，以及学生参加劳动实践和社会实践的覆盖面和深度；另一种思路可以考虑整合三个模块的内容，单独设立"学生德育教育"模块，重点从德育教育体系、校园文化建设创新和劳动实践参与度等方面设计指标体系。

二是构建以专业思政和学科育人为主的德育教育体系。大学是培养人才的地方，学生进入大学通过专业训练和塑造，实现对社会发展需求的多样化匹配。大学期间，学生接触最多的应该是所在专业和所处的学科，每一个学科和专业都有其内在发展逻辑和历史底蕴，深刻地蕴含着专业发展史及其与国家和时代发展脉搏的融合史，这是对学生进行专业教育和国史教育非常好的契合点。针对专业思政和学科育人，可以设立具体的培育项目，构建以专业思政和学科育人为主的德育教育体系，包括在教师年度鉴定、学生评教、职称评审、课题立项以及双一流指标体系构建等方面进行倾斜。

三是自上而下和自下而上创建校园文化品牌活动。校园文化活动的主体是学生，通过参与校园文化活动有助于学生多维素质的培养和对学校社会认同度的提升。目前，现有的校园活动存在数量多、参与度不高、差异大和供求不匹配的问题。一方面，上级主管部门可以考虑设立不同方向（如思政、经济、生态环保、公共卫生、基础科学等）的国家级和省级品牌活动项目，通过以奖代补的方式，以及年度全国大学生校园文化展览或活动周等方式进行立体化的建设；另一方面，学校也应该适度地赋予学生主体更多的自主权和独立空间，发挥"市场机制"的能动性，学校管理更多体现为监管职责和协同参与职能。

总而言之，大学治理体系和治理能力的现代化需要突出学生的主体地位，发挥学生的主观能动性，而学生的主体性和能动性的关键又在于如何构建有效的学生成长、成才和成人的教育体系，环环相扣、相互影响。需要牢牢抓住双一流建设这个"牛鼻子"，通过制度创新和机制构建，来实现学生培养、大学治理和国家发展的激励兼容。

最后，需要指出的是，本书还存在四个方面的不足：一是对治理理论与现代大学制度的认识还不够全面；二是存在地域局限性、研究样本结构的单一性；三是受制于时间约束，对参与主体动态互动的过程研究不足；四是结论尚有诸多不成熟之处，仍要在实践中检验完善。

附　录

表 A－1　　　大学治理中学生组织参与度的评价量表（参与度量表）

维度	序号	指标描述	1－7
参与性	1	我常向校方提出意见，我认为这是责任也是我的权利	
	2	我很赞同对各种校内选拔组织民主选举（如学生会选举）	
	3	我了解作为学生所拥有的政治权利，我知道如何行使政治权利、维护权益	
	4	我积极学习法律法规、政策制度，努力参与学生维权组织和活动	
	5	我认为我们大学生有足够能力和素质参与学校管理工作	
	6	同学们不热衷于参与校园民主决策，对于校内外政治事件漠不关心、看法单一、容易被权威意见所影响	
	7	学校里存在"自由地讨论、交流、争辩政治问题和校园隐疾"的氛围，大家通过集会、社团等形式对社会、校园热点问题发表看法	
平等性	8	我认为学生会或类似学生机构能够很好地管理学生事务、代表学生利益	
	9	在我校，学生与学生干部、本科生与研究生之间地位平等、交流融洽	
	10	不同民族、国籍的同学在我校都享有相同的自由的政治权利	
	11	在我校，学生与行政人员、教师之间很平等，我可以和他们交流、提出建议与批评并获得正面回应	
可沟通性	12	在面临困境时，我可以向学校或有关组织表达需求、获得帮助	
	13	学校内缺少针对"学生参与校园民主决策"而建立的组织、制度和渠道	
	14	学校对于学生的提议能及时反馈、解决	
	15	我们学校有定期与学校高层领导班子进行沟通的活动	
	16	我们学校定期会有校方组织的学生意见反馈活动，比如座谈会	

续表

维度	序号	指标描述	1－7
法制性	17	我认为我校的学生管理政策科学民主，理念自由开放	
	18	我们学校建立了很完善的"学生参与民主管理"制度	
	19	我们学校学生参与校园管理的形式多样化、效果佳	
	20	我们学校的民主管理机构中学生的权力很大	
	21	我们学校有完善的教学评估机制	
	22	我校开展了法制教育、民主教育活动或课程	
	23	我校建立了"校务公开制度"，在校园建设、学术交流、财务管理、规章制定做到了公开、透明，维护了学生的知情权	
可问责性	24	我们学校行政监督制度很完善、有专门的问责部门和信访部门	
	25	我们学校设立了公示栏、举报信箱等设施以鼓励师生参与监督学校工作，在论坛上有专门人员对师生疑问作出回复	
	26	学生可以对学生组织的工作进行监督、问责	

参考文献

［1］埃莉诺·奥斯特罗姆:《公共事务的治理之道》,上海译文出版社 2012 年版。

［2］R. 爱德华·弗里曼:《战略管理:利益相关者方法》,上海译文出版社 2006 年版。

［3］布鲁贝克:《高等教育哲学》,浙江教育出版社 2001 年版。

［4］蔡文伯、付娟:《学生参与大学管理的制度逻辑和模式选择》,载《复旦教育论坛》2016 年第 4 期。

［5］曹辉:《大学内部治理中的学生参与:动因、路径及其实现》,载《国家教育行政学院学报》2020 年第 2 期。

［6］陈莉:《中国大学生组织发展研究——结构文化主义视角》,华中科技大学博士学位论文,2007 年。

［7］陈小鸿、姚继斋:《论高校民主管理的内涵、特点及其实现途径》,载《浙江工业大学学报》(社会科学版) 2010 年第 1 期。

［8］程接力、钟秉林:《阿姆斯特丹大学治理结构剖析及启示》,载《国家教育行政学院学报》2013 年第 6 期。

［9］程玉红:《中世纪"学生型"大学的产生与发展——意大利博洛尼亚大学组织管理述评》,载《沈阳师范学院学报》(社会科学版) 2002 年第 6 期。

［10］道格拉斯·麦格雷戈:《企业的人性面》,中国人民大学出版社 2008 年版。

［11］邓传淮:《推动中国特色现代大学制度建设》,载《中国高教研究》2020 年第 2 期。

［12］邓小华:《张楚廷大学内部治理理念述要》,载《重庆高教研究》2015 年第 1 期。

［13］董向宇:《论现代大学内部"共同治理"中的学生参与》,载《全球

教育展望》2015 年第 1 期。

[14] 杜作润：《国外高校内部的民主管理——特征、案例及启示》，载《北京大学教育评论》2004 年第 1 期。

[15] 甘永涛：《英国大学治理结构的演变》，载《高等教育研究》2007 年第 9 期。

[16] 格里斯托克：《作为理论的治理：五个观点》，载《国际社会科学杂志（中文版）》1999 年第 2 期。

[17] 耿依娜、夏炜宜：《从被治到共治：学生组织在高校管理模式变革中的角色转换》，载《浙江工业大学学报》（社会科学版）2013 年第 3 期。

[18] 龚怡祖：《大学治理结构：建立大学变化中的力量平衡》，载《高等教育研究》2010 年第 12 期。

[19] 顾海良：《完善内部治理结构建设现代大学制度》，载《中国高等教育》2010 年第 Z3 期。

[20] 郭春甫：《公共部门治理新形态——网络治理理论评介》，载《宁夏大学学报》（人文社会科学版）2009 年第 4 期。

[21] 郭卉：《权利诉求与大学治理——中国大学教师利益表达的制度运作》，华中科技大学博士学位论文，2006 年。

[22] 郭兰英：《高等学校学生权利研究》，载《湘潭大学社会科学学报》2003 年第 6 期。

[23] 韩保来：《基础教育十面观》，载《社会科学论坛：学术评论卷》2007 年第 10 期。

[24] 何晨玥：《学生参与大学治理与公共价值观培育》，载《中国青年社会科学》2015 年第 2 期。

[25] 何晨玥、金一斌：《大学章程中关于学生权利的话语体系建构——基于教育部已核准 84 所高校章程文本的比较》，载《中国高教研究》2015 年第 9 期。

[26] 何勇平：《大学治理：走向现代大学制度建设之路》，载《重庆工商大学学报》（社会科学版）2013 年第 5 期。

[27] 洪彩真：《学生——高等教育之核心利益相关者》，载《黑龙江高教研究》2006 年第 12 期。

[28] 洪光磊、童忠益、王勉：《"校园民主建设"实践的回顾与总结》，载

《当代青年研究》1987 年第 12 期。

[29] 侯浩翔、钟婉娟：《学生参与高校治理的价值逻辑与机制建构》，载《教育评论》2016 年第 9 期。

[30] 胡必亮、周晔馨、范莎：《全球经济格局新变化与中国应对新策略》，载《经济学动态》2015 年第 3 期。

[31] 胡敏：《大学善治视野下学生利益诉求表达机制建构》，载《高教探索》2015 年第 10 期。

[32] 黄晟、武晓峰、王孙禺：《高校研究生经济文化生活状况研究——基于清华大学的调研结果》，载《中国青年研究》2011 年第 1 期。

[33] 霍尔：《组织：结构、过程及结果》，上海财经大学出版社 2003 年版。

[34] 姜华、吴桥阳、李小宾：《三类大学权力结构差异性的实证研究．云南师范大学学报》，载《哲学社会科学版》2014 年第 1 期。

[35] 姜继为、韩强：《高校治理结构研究》，四川教育出版社 2009 年版。

[36] 蒋惠玲：《大学内部治理中两种权力的契合——基于对美国私立大学的实证研究》，载《教育学术月刊》2015 年第 12 期。

[37] 金鑫：《我国独立学院法人治理结构研究》，华中科技大学博士学位论文，2011 年。

[38] 况广收、黄晓芹：《多元参与联合互动：学生事务治理的新模式》，载《黑龙江高教研究》2013 年第 2 期。

[39] 李超玲、钟洪：《基于问卷调查的大学利益相关者分类实证研究》，载《高教探索》2008 年第 3 期。

[40] 李芳、孙思栋、周巍：《学生组织的扁平化转型——基于学生参与大学治理的调查研究》，载《中国青年研究》2016 年第 12 期。

[41] 李福华、尹增刚：《论大学治理的理论基础——国际视野中的多学科观点》，载《比较教育研究》2007 年第 9 期。

[42] 李景平、程燕子：《大学内部治理的困境与出路——基于七所"985工程"高校章程文本分析》，载《现代教育管理》2015 年第 8 期。

[43] 李曼丽：《"文化分层"理论在大学文化研究中的应用》，载《江苏高教》2006 年第 5 期。

[44] 李威：《论大学治理现代化评估的价值共识与指标体系建构》，载《教

育评论》2016 年第 5 期。

[45] 李文君：《大学生如何参与高校管理》，载《教育与职业》2013 年第 4 期。

[46] 刘鸿：《美国研究型大学"共治"模式的"恒"与"变"》，载《高等教育研究》2013 年第 11 期。

[47] 刘佳：《当前大学生政治绩效感实证分析——以 C 大学学生参与学校管理为例》，载《中国成人教育》2012 年第 21 期。

[48] 刘献君：《现代大学制度建设的哲学思考》，载《中国高教研究》2011 年第 10 期。

[49] 刘有贵、蒋年云：《委托代理理论述评》，载《学术界》2006 年第 1 期。

[50] 吕丽莉：《高校学生组织的民主建设》，辽宁大学博士学位论文，2012 年。

[51] 罗索夫斯基：《美国校园文化——学生教授管理》，济南人民出版社 1996 年版。

[52] 洛克：《政府论》，商务印书馆 1997 年版。

[53] 马剑银：《现代法治、科层官僚制与"理性铁笼"——从韦伯的社会理论之法出发》，载《清华法学》2008 年第 2 期。

[54] 马陆亭：《我国高等教育管理体制改革 30 年——历程、经验与思考》，载《中国高教研究》2008 年第 11 期。

[55] 马培培：《论美国大学治理中的学生参与》，载《高等教育研究》2016 年第 2 期。

[56] 芒刺：《"学生校长助理制度"还需三思而行》，载《教育与职业》2007 年第 7 期。

[57] 莫玉婉：《大学科层制管理中的冲突与调适》，载《高校教育管理》2013 年第 1 期。

[58] 欧阳光华：《董事、校长与教授：美国大治理结构研究》，高等教育出版社 2011 年版。

[59] 潘春胜：《协同共赢：现代大学治理的新趋势》，载《教育发展研究》2014 年第 21 期。

[60] 皮尤:《组织管理学名家思想荟萃》,中国社会科学出版社 1989 年版。

[61] 祁占勇:《高等学校学生自治的权利边界与法律保障》,载《高等教育研究》2012 年第 3 期。

[62] 秦惠民:《有关大学章程认识的若干问题》,载《教育研究》2013 年第 2 期。

[63] 琼斯:《加拿大高等教育——不同体系与不同视角(扩展版)》,福建教育出版社 2007 年版。

[64] 任初明、赵立莹:《学生参与高校管理的实证研究——对武汉 4 所高校的调查》,载《辽宁教育研究》2008 年第 3 期。

[65] 盛冰:《高等教育的治理:重构政府、高校、社会之间的关系》,载《高等教育研究》2003 年第 2 期。

[66] 施杨:《充分发挥学生社团在学校文化建设中的积极作用》,载《当代教育论坛》2010 年第 8 期。

[67] 石岩森、李华:《加强管理充分发挥学生会组织在大学生教育管理中的作用》,载《辽宁行政学院学报》2006 年第 4 期。

[68] 时伟:《大学内部治理结构改革的逻辑、动力与路径》,或《中国高教研究》2014 年第 11 期。

[69] 史静寰:《现代大学制度建设需要"根""魂"及"骨架"》,载《中国高教研究》2014 年第 4 期。

[70] 史静寰:《走向质量治理:中国大学生学情调查的现状与发展》,载《中国高教研究》2016 年第 2 期。

[71] 斯蒂芬·P. 罗宾斯:《管理学》,中国人民大学出版社 2008 年版。

[72] 宋丽慧:《学生参与:转型时期高校管理的视界》,北京大学出版社 2007 年版。

[73] 宋维明:《在章程建设中夯实依法治校基础》,载《中国高等教育》2015 年第 1 期。

[74] 苏君阳:《我国学校内部组织管理:科层化与扁平化的冲突和协调》,载《北京师范大学学报》(社会科学版)2010 年第 1 期。

[75] 孙柏瑛、李卓青:《政策网络治理:公共治理的新途径》,载《中国行政管理》2008 年第 5 期。

［76］孙芳：《复合共治视域下我国学生参与大学内部治理的权力问题探析》，载《中国高教研究》2011 年第 11 期。

［77］孙芳、王为正：《现代大学治理中的学生权力阈限、问题及对策——以阿尔都塞的劳动分工理论为视角》，载《中国高教研究》2014 年第 7 期。

［78］汤姆逊：《中世纪经济社会史》，商务印书馆 1984 年版。

［79］托马斯·卡明斯、克里斯托弗·沃里：《组织发展与变革》，清华大学出版社 2003 年版。

［80］万思志、李冬雪：《学生在高校管理中的地位和作用探析》，载《黑龙江高教研究》2010 年第 4 期。

［81］王洪才：《大学治理的内在逻辑与模式选择》，载《高等教育研究》2012 年第 9 期。

［82］王怀勇、杨扬：《学生组织参与现代大学内部治理的反思与重构》，载《国家教育行政学院学报》2015 年第 5 期。

［83］王洁、朱健：《拓展学生社团功能升华育人内涵的思考》，载《辅导员工作研究》（思想理论教育）2010 年第 7 期。

［84］王丽琛、李旭炎、范丽娟：《学生权力及其在大学治理中的保障》，载《教育与职业》2015 年第 11 期。

［85］王孙禺、孔钢城：《中国研究型大学建设的思考》，载《北京大学教育评论》2009 年第 1 期。

［86］王拓：《论学生会在大学校园文化建设中的积极作用》，载《当代教育科学》2008 年第 11 期。

［87］王学珍、郭建荣：《北京大学史料（第三卷：1937~1946）》，北京大学出版社 2000 年版。

［88］王亚杰：《美国大学治理对中国特色现代大学治理体系建设的启示》，载《中国高教研究》2014 年第 9 期。

［89］王战军、乔伟峰：《中国高等教育质量保障的新理念和新制度》，载《清华大学教育研究》2014 年第 3 期。

［90］王战军、乔伟峰、李江波：《数据密集型评估：高等教育监测评估的内涵、方法与展望》，载《教育研究》2015 年第 6 期。

［91］吴江：《大学生参与校园民主管理现状与机制研究》，载《当代青年研

究》2014 年第 6 期。

［92］冼季夏：《构建学生参与的高校治理实践研究》，载《广西社会科学》2016 年第 5 期。

［93］谢维和：《当前中国高等教育的转型及其主要取向》，载《中国高等教育》2001 年第 6 期。

［94］徐晓丹、张志忠、谢雪玲：《学生参与大学内部治理的现状及路径选择》，载《北京航空航天大学学报》（社会科学版）2015 年第 6 期。

［95］宣勇、钟伟军：《论我国大学治理能力现代化进程中的校长管理专业化》，载《高等教育研究》2014 年第 8 期。

［96］颜霜叶、花亚纯：《组织理论在大学管理改革中的应用》，载《中国农业教育》2005 年第 4 期。

［97］杨朔镔：《利益相关者治理模式下的大学外部治理结构变革——以"U—G—S"为例》，载《黑龙江高教研究》2014 年第 6 期。

［98］杨仲迎：《从"政策主导"到多元推动：学校教育本土化的思考》，载《教育理论与实践》2018 年第 25 期。

［99］姚加惠：《现代大学的科层管理及其改造》，载《高等教育研究》2005 年第 6 期。

［100］H. 伊戈尔·安索夫：《战略管理》，机械工业出版社 2010 年版。

［101］于杨：《现代美国大学共同治理理念与实践》，中国社会科学出版社 2010 年版。

［102］俞可平：《全球治理引论》，载《马克思主义与现实》2002 年第 1 期。

［103］袁本涛：《现代大学制度、大学章程与大学治理》，载《探索与争鸣》2012 年第 4 期。

［104］詹姆斯·罗西瑙：《世界政治中的治理、秩序和变革》，江西人民出版社 2001 年版。

［105］张康之、程倩：《网络治理理论及其实践》，载《新视野》2010 年第 6 期。

［106］张梅芬：《美国大学生参与高校管理的启示》，载《中国成人教育》2010 年第 14 期。

［107］张群群：《交易费用、经济组织与治理机制——诺贝尔经济学奖得主

奥利弗·威廉姆森的学术贡献和借鉴意义》，载《财贸经济》2010 年第 3 期。

[108] 张瑞强、杨贵明等：《强化学生组织在素质教育中的载体作用》，载《学校党建与思想教育》（高教版）2010 年第 1 期。

[109] 张天兴：《大学治理中的学生参与问题研究》，载《华北电力大学学报》（社会科学版）2016 年第 1 期。

[110] 张维平：《大学生参与学校管理的理论分析》，载《当代教育论坛》2006 年第 1 期。

[111] 张维迎：《大学的逻辑》，北京大学出版社 2005 年版。

[112] 张应强、蒋华林：《关于中国特色现代大学制度的理论认识》，载《教育研究》2013 年第 11 期。

[113] 周光礼：《中国高等教育治理现代化：现状、问题与对策》，载《中国高教研究》2014 年第 9 期。

[114] 周湖勇：《大学治理中的程序正义》，载《高等教育研究》2015 年第 1 期。

[115] 周继良：《法国大学内部治理结构：历史嬗变与价值追求——基于中世纪至 2013 年的分析》，载《教育研究》2015 年第 3 期。

[116] 周巍、李芳、林晶晶等：《学生参与大学民主治理的研究——基于武汉市 7 所大学的调查报告》，载《中国青年研究》2015 年第 6 期。

[117] 周巍、孙思栋、谈申申：《学生组织参与大学治理的驱动因素研究——基于结构方程模型》，载《中国高教研究》2016 年第 6 期。

[118] 朱家德：《大学有效治理：西方经验及其启示》，载《高等教育研究》2013 年第 6 期。

[119] 朱家德：《提高大学治理的有效性——20 世纪 60 年代以来西方大学治理结构变化的总趋势》，载《中国地质大学学报》（社会科学版）2012 年第 6 期。

[120] 朱有瓛：《中国近代学制史料（第二辑）（上）》，华东师范大学出版社 1987 年版。

[121] 左崇良、胡劲松：《大学治理的法理证成》，载《高等教育研究》2013 年第 12 期。

[122] Amy Frank Rosenblum. Balancing Students' Right to Privacy with the Need for Self Disclosure in Field Education. *Journal of Teaching in Social Work*, 1991, 5 (1).

[123] Antes R. Involving Students in University Governance. *Naspa Journal*, 1971 (1): 48 – 56.

[124] Arimoto A. University Reforms and Academic Governance: Reports of the 2000 Three – Nation Workshop on Academic Governance (No. 7). Research Institute for Higher Education, Hiroshima University, 2011.

[125] Bateson R, Taylor J. Student Involvement in University Life – Beyond Political Activism and University Governance: a view from Central and Eastern Europe, *European Journal of Education*, 2004, 39 (4): 101 – 120.

[126] Bergan S. Students Participation in Higher Education Governance, 2010.

[127] Bergan S. The University as Res Publica. 1th ed. Europe: Council of Europe Higher Education Series, 2004.

[128] Brian Pusser. Competing Missions: Balancing Entrepreneurialism with Community Responsiveness in Community Responsiveness in Community College Continuing Education Division. New Directions for Community Colleges, 2006 (136).

[129] Brooks R, Byford K, Sela K . The Changing Role of Students' Unions within Contemporary Higher Education. *Journal of Education Policy*, 2015 (2): 165 – 181.

[130] Budapest – Vienna Declaration on the European Higher Education Area. http://www. ond. vlaanderen. be/hogeronderwijs/Bologna/2010_conference/documents/Budapest – Vienna_Declaration. pdf. 2012 – 01 – 16.

[131] Cardoso S, Santos S M D. Students in higher education governance: The Portuguese case. *Tertiary Education and Management*, 2011 (3): 233 – 246.

[132] Carey P. Student Engagement: Stakeholder Perspectives on Course Representation in University Governance. *Studies in Higher Education*, 2013, 38 (9): 1290 – 1304.

[133] Carnegie Foundation for the Advancement of Teaching. *Governance of Higher Education: Six Priority Problem*. McGraw – Hill, 1973 (10): 53 – 55.

[134] Clark B R. *The higher education system: Academic organization in cross-national perspective*. Berkeley, CA: University of California Press, 1983.

[135] College Committees. [2015 – 05 – 28]. http://www. sbcc. edu/depart-

ments/collegecommittees. php.

［136］ Dimmock C. Comparing educational organisations. In Comparative Education Research Springer Netherlands, 2007: 283 – 298.

［137］ Etzioni A. *Modern organizations*. Englewood Cliffs, N. J: Prentice – Hall, 1964.

［138］ FutaoHuang. University governance in China and Japan: Major findings from national surveys. *International Journal of Educational Development*, 2018 (63): 12 – 19.

［139］ Gayle D J, Tewarie B, White J A Q. Governance in the Twenty-first-century university: Approaches to effective leadership and strategic management: ASHE – ERIC Higher Education Report (Vol. 14). John Wiley & Sons, 2011.

［140］ Hallinger P, Bridges E M. A Problem-based Approach for Management Education: Preparing Managers for Action. Springer, 2007.

［141］ Harold Arturo Combita Niño, Johana PatriciaCómbita Niño, Roberto Morales Ortegac. Business intelligence governance framework in a university: Universidad de la costa case study. *International Journal of Information Management*, 2020 (50): 405 – 412.

［142］ Hastings Rashdall, *The Universities of Europe in the Middle Ages*, Oxford University Press, 1936.

［143］ Huisman J. *International perspectives on the governance of higher education: Alternative frameworks for coordination*. New York: Routledge, 2009: 5 – 10.

［144］ James J. F. Forest and Philip G. Altbach. *International Handbook of Higher Education*, New York: Springer, 2005, 333.

［145］ James Swansson, Deborah Blackman. Governance in Australian Universities: Where Next? CESifo DICE Report, February, 2009.

［146］ Jessop B. *The Future of the Capitalist State*, Cambridge: Polity Press, 2002 (7): 242 – 243.

［147］ John Henry Newman: The Idea of a University. *The Review of English Studies (New Series)*, 1977, 28 (112): 486 – 488.

［148］ John J. Corson. Governance: Interacting Roles of Faculty, Students and

Administrators. American Association for Higher Education, the 26th National Conference on Higher Education, Chicago, Illinois, 1971.

[149] John Vande Graaff. Editorial: Staff Development in Higher Engineering Education. *European Journal of Engineering Education*, 2001, 26 (4).

[150] Jones G A. *Governing Higher Education: National Perspectives on Institutional Governance*. Canada: Kluwer Academic Publishers, 2002.

[151] Jones G A, Shanahan T, Goyan P. The academic senate and university governance in Canada. *Canadian Journal of Higher Education*, 2004, 34 (2): 35 – 68.

[152] Karl Jaspers, *The Idea of University*, London: Peter Owen Ltd. , 1965.

[153] Kenneth Ewart Boulding. *The Organizational Revolution: A study in the Ethics of Economic Organization*. New York: Harper & Brothers, 1953.

[154] Kezar A. Faculty and staff partnering with student activists: Unexplored terrains of interaction and development. *Journal of College Student Development*, 2010 (5): 451 – 480.

[155] Leon Trakman. Modeling University Governance. *Higher Education Quarterly*, 2008, 62 (1): 77.

[156] Lizzio A, Wilson K. Student participation in university governance: The role conceptions and sense of efficacy of student representatives on departmental committees. *Studies in Higher Education*, 2009 (1): 69 – 84.

[157] Maassen P. The Changing Roles of Stakehlders in Dutch University Governance, *European Journal of Education*, 2000, 35 (4): 31 – 38.

[158] Menon M E. Student involmement in university governance: A need for negotiated educational aims? *Tertiary Education and Management*, 2003, 9 (3): 233 – 246.

[159] Minksova L, Pabian P. Approaching students in higher education governance: Introduction to the special issue. *Tertiary Education and Management*, 2011 (3): 183 – 189.

[160] Olscamp P J. *Moral leadership: Ethics and the college presidency*. Rowman & Littlefield, 2003.

[161] Olsen J P . *European integration and university dynamics*. Dordrecht:

Springer，2007.

［162］ Our mission. ［2015 - 05 - 28］. http：//ksusga. wixsite. com/ksusga/about - sga.

［163］ Pabian P，Minksova L. Students in higher education governance in Europe：Contrasts，commonalities and controversies. *Tertiary Education and Management*，2011（3），261 - 273.

［164］ Paradeise G，Reale E，Bleiklie I，et al. *University Governance*：*Western European Comparative Perspectives*. Dordrecht：Springer，2009：9 - 15.

［165］ Paul A. Bloland. A New Concept in Student Government. *The Journal of Higher Education*，1961（2）：95.

［166］ Persson A. Student participation in the governance of higher education in Europe：A Council of Europe Survey. Steering Committee on Higher Education and Research（CD - ESR），Strasbourg：Council of Europe，2003.

［167］ Philip Carey. Student Engagement：Stakeholder Perspectives on Course Representation in University Governance. *Studies in Higher Education*，2013，38（9）：1290 - 1304.

［168］ Ratsoy E W，Bing Z. Student participation in university governance. *The Canadian Journal of Higher Education*，1999，29（1）：1 - 6.

［169］ R·A·W Rhodes. Control and Power in Central - Local Government Relations. *Theory and Society*，2003（15）.

［170］ Robert Bimbaum. Faculty in Governance：The Role of Senates and Joint Committees in Academic Decision Making（Special issue）. *New Directions for Higher Education*，1991，18（30）：8 - 25.

［171］ Robert Bimbaum. The End of Shared Governance：Looking ahead or Looking Back Matter. *New Direction for Higher Education*，2004，127.

［172］ Rytmeister C，Marshall S. Studying Political Tensions inUniversity Governance：A Focus onBoard Member Constructions of Role. *Tertiary Education and Management*，2007，13（4）：281 - 294.

［173］ Savis Gohari，Terje Holsen. Understanding the Governance System in the Campus Development；the Cases of Norwegian University of Life Sciences and Norwegian University of Science and Technology. *Procedia Engineering*, 2016（161）：2115－2120.

［174］Shattock M. Re－Balancing Modern Concepts of University Governance. *Higher Education Quarterly*, 2002, 56（3）：235－244.

［175］Sheng－Ju Chan, Chia－YuYang. Governance styles in Taiwanese universities：Features and effects. *International Journal of Educational Development*, 2018（63）：29－35.

［176］Sjur Bergan. *The University as Respublica*. Council of Europe Publishing, 2004（12）：32.

［177］Stephen H. Spurr. Faculty Power Versus Student Power, *Peabody Journal of Education*, 1970（1）：38.

［178］Student Senate. http：//eclipse. barnard. columbia. edu/sga, 2012－04－02.

［179］Student Senate. http：//www. coppin. edu/sharedgovernance/student_life. asp#SS, 2012－03－23.

［180］Taro Komatsu. Does Decentralization Enhance a School's Role of Promoting Social Cohesion? Bosnian School Leaders' Perceptions of School Governance. *International Review of Education*, 2014, 60（1）：7－31.

［181］The World Bank. Governance and Development. The World Bank, 1992.

［182］Thomas Catlaw, Jeffrey Chapman. A Comment on Stephen Page's "What's New about the New Public Management". *Public Administration Review*, 2007, 67（2）.

［183］Trow M. *Problems in the transition from elite to mass higher education*. Berkeley, CA：Carnegie Commission on Higher Education, 1973.

［184］William L. Waugh. Conflicting Values and Cultures：The Managerial Threat to University Governance. *Policy Studies Review*, 1998, 12.

［185］William O Brown Jr. Faculty participation in university governance and the effects on university performance. *Journal of Economic Behavior & Organization*, 2010, 44（2）：129－143.

［186］Williamson O. *Market and Hierarchies：Analysis and Antirust Implica-*

tion. New York: Free Press, 1975.

[187] Xiuhan Li, Guodong Zhao. Democratic Involvement in Higher Education: A Study of Chinese Student E – participation in University Governance. *Higher Education Policy*, 2020, 33 (4): 65 – 87.